少年任粥时

张文宝 著

江苏凤凰文艺出版社

图书在版编目（CIP）数据

少年任弼时 / 张文宝著. —南京：江苏凤凰文艺出版社，2024.4
ISBN 978-7-5594-8232-7

Ⅰ.①少… Ⅱ.①张… Ⅲ.①纪实文学-中国-当代 Ⅳ.①I25

中国国家版本馆 CIP 数据核字(2024)第 016142 号

少年任弼时

张文宝 著

出 版 人	张在健
责任编辑	孙金荣
责任印制	杨 丹
出版发行	江苏凤凰文艺出版社
	南京市中央路 165 号，邮编：210009
网 址	http://www.jswenyi.com
印 刷	南京新洲印刷有限公司
开 本	890 毫米×1240 毫米 1/32
印 张	5.75
字 数	100 千字
版 次	2024 年 4 月第 1 版
印 次	2024 年 4 月第 1 次印刷
书 号	ISBN 978-7-5594-8232-7
定 价	26.00 元

江苏凤凰文艺版图书凡印刷、装订错误，可向出版社调换，联系电话 025-83280257

目 录

一　汨罗江什么样　　　…1
二　一年级学生的修业证书　　　…12
三　不一样的才俊　　　…21
四　十一岁的烦恼　　　…31
五　在父亲身边　　　…45
六　第一个走出考场　　　…56
七　在沉默中觉醒　　　…66
八　毛泽东的一个小校友　　　…75
九　懂事的小姑娘　　　…87
十　用微弱的声音呼喊　　　…95
十一　烈火烧到唐家桥　　　…104
十二　眺望着北方　　　…111
十三　心灵被深深触动　　　…122
十四　到莫斯科去　　　…134

十五	斯大林兼任名誉校长的大学	⋯ 147
十六	列宁逝世了	⋯ 159
十七	祖国，我回来了	⋯ 167
后记		⋯ 171
主要参考书目		⋯ 174

一　汨罗江什么样

湖南湘江长长的，弯弯曲曲地流淌；在一个弧形的地方，与一条美丽的江汇合，它就是汨罗江。

湘阴县塾塘乡唐家桥，西临湘江，北靠洞庭湖，一条白沙河像一束碧绿的绸缎，弯曲着绕过村子。

唐家桥是一个古驿站，离北面的汨罗江八十几里路。

任弼时五岁时，父亲对他说，待到端午节时，带他去看汨罗江、看汨罗江里赛龙舟。小小的任弼时心里激动万分，早听说过汨罗江，还有汨罗江上赛龙舟，好玩极了。他等得不耐烦了，急切说："我现在就去看赛龙舟。"

父亲笑着说："现在不是时候，要到端午节吃粽子时才有赛龙舟。"

任弼时犯迷糊了，问："为什么？"

父亲说："这里就有个故事哪。"

任弼时爱好听故事，央求说："你讲故事给我听。"

父亲说："端午节吃粽子时一定给你讲。"

任弼时记不清端午节的时间，心急地问："什么时候才能到端午节吃粽子？"

父亲说："栀子树开花了，梅子熟了，就是端午节，爸爸到时带你看赛龙舟，看看汨罗江，给你讲屈原的故事，你一定喜欢听。"

任弼时说："屈原和岳飞一样都能骑马打仗吗？"

父亲说："他们都是爱国诗人，都是了不起的大英雄。"

唐家桥人家喜好栀子树，院里院外都有大大小小的栀子树。任弼时巴望栀子树早一点开花，可迟迟没有动静。

盼着、盼着，任弼时常常焦急地说："栀子树怎么还不开花啊？"

父亲笑呵呵地说："该开的时候就开了。"

父亲叫任裕道，是个乡村老师，家里生活不宽余，他操心费神，刚满三十九岁的人，看上去像有五十多岁，像个小老头。他是一个忠厚老实的人，从小饱读诗书，湘阴师范学校师范速成班毕业生，考秀才未中，做不了官，心里咽不下这口气，在老家祖居白沙河西面的冷水井办起了启蒙的小学堂，取名"时中馆"，成了亲朋好友眼中的

"名师"。

读书人都有点傲骨,夸大一点来说,有抱负,心比天高。读书人把读书看作天下第一件大事,读了书就会人生圆满;考上个功名,给国家干大事,光宗耀祖。

任裕道是个执着的乡村读书人,出生于一个经济拮据的书香望族。每到春节,任家的大门口总是贴着一副不变的对联:"耕读传家久,诗书继世长"。任家祖上曾经有人获得"朝议大夫"称号,但是这称号在朝廷只是表示地位身份,没有什么实权。也有一位祖上曾于清朝同治年间任广西太平府知府,但官运不顺,于是谆谆告诫后辈:"为官艰难,不若读书明智。"

到了任裕道这一代,中国进入十九世纪中叶,清王朝腐败昏庸,江河日下,气数渐尽。大树将倒,岂能安生。任氏家族看中的官位和称号,日渐黯淡,一辈不如一辈。

任氏家族有读书境界,知道读书是世界上最好的事,书中自有黄金屋。任裕道这一代五服以内兄弟姐妹共二十人,男子大多数离家,或到县城、或到省城就读;女子在省城接受中等教育的也近一半。更有不少不但走出家门,走出本省,而且走出了国门,成了有名的学者、工程师、教育家。

任裕道没有实现的心愿,要在儿子这一辈来实现,希望儿子用读书蹚出一条金光大道。

任裕道把全部心思用在儿子任弼时身上。

任裕道有文化底蕴，有一些新想法，给几个子女都起了饶有新意的名字，长子任培直，三子任培达，三个女孩任培月、任培星、任培辰。

任弼时的小名，叫二南，学名叫培国，取"培植为国人才"之意。

任裕道想象力丰富，给孩子取名时把日月星辰都想到了，颇具大襟怀、大意境、大吉祥。

可惜的是，任弼时的哥哥和弟弟很小就离世了。

任弼时三岁多一点时，大妹任培月出生。那一年，任弼时开始跟着父亲学描红习字，他胖嘟嘟的，个头又小，头还够不到桌面上，脚踩着小竹凳，才能看到桌子上的东西。父亲鼓励儿子要靠自己的能力站到小竹凳上，跌了跤，破了皮，哭了，不搀扶，不用"乖呀肉呀"宠爱的话哄着，而是给他擦着泪水，打气鼓劲。任弼时母亲朱宜，看了心疼，上前扶儿子，任裕道一摆手，她就缩回了手。任裕道对儿子，更是对儿子的母亲郑重说："孟子说，故天将降大任于是人也，必先苦其心志，劳其筋骨，饿其体肤，空乏其身，行拂乱其所为……"儿子听了，眨巴着大眼睛，不哭了，一声不吭，登上竹凳，一笔一画抄完一张纸的字。

待到任弼时长得小脑袋高出了桌面，父亲就教他临习古代《曹全碑》《张迁碑》字帖，把自己的"看家本领"全拿出来，一点点教给儿子，写一遍字帖，读十遍字帖，读字形，读结构，读笔画。他教儿子常练手，练指力，练腕力，练手感，儿子练得手指发痛，手腕发酸，手不听使唤。任裕道的堂叔任凯南，族中晚辈都喊他"凯叔公"，是任裕道特别尊重的人，少时曾经考上"拔贡"，后入岳麓书院，以优等成绩毕业。他从长沙回来，看见任裕道这样教儿子临习字帖，喊着他的小名字，责怪说："振声，这样苦练，二南受得了吗？"任裕道笑着说："多练就不疼了，字如其人，它是人的第二张脸，一手工整、漂亮的好字，对将来做事太重要了。"

任弼时悬臂练习柳公权的字帖，练时手都会抖，想放下膀子，父亲绷紧脸，不许膀子乱动，他只好含着泪珠，把字写完。时间长了，任弼时悬臂写字，再难受也忍住，慢慢就习惯了。他还抄古文名篇，如诸葛亮的《前出师表》，韩愈的《送董邵南序》《原道》等。任弼时常遇上不认识的字，边问边抄，抄错了字，不用父亲叮咛，就会重写，字迹虽稚气、生涩，可认真工整。他好学好问，父亲是有问必答。有一回，父亲讲到诸葛亮的父亲诸葛珪时，任弼时突然提出一个稚气的问题："韩愈的父亲是谁啊？"父亲难住了。但任道裕对待学问不马虎，凡是儿子提出来的问题，从来不敷衍了事，留下"做假"的坏名

一　汨罗江什么样

声,而是一丝不苟,认真对待,给出一个满意的答案。 父亲想了想,巧妙地说:"韩愈三岁的时候,父亲就已去世,他是由哥哥和嫂嫂带大的。"儿子脸上露着可怜的表情说:"去世是什么?"父亲说:"到一个很远、很远的地方。"

任弼时学画画兴趣浓厚,特有灵气,父亲在一张纸上画一些简单的大树、房子、太阳、月亮、船、牛、鸡、鸭,他照着样子就画了出来,然后,可以不看父亲的画自己动手画,一点也不差。 父亲惊讶了,自己画的线条是呆板的,粗细一样,儿子画的线条不同,是活跃的,放松的,灵动有变化。 儿子在画画上天生有艺术感觉,父亲于是用心启发,开发他的想象力,尽量让他画自己想画的东西,画梦想。 儿子画的小蝴蝶、蜻蜓、青蛙、小鸟、小鱼、小男孩、小女孩,有模有样。 父亲像发现了一个画家,拿着儿子的画,给任弼时的妈妈看,给任弼时的姐姐看,给四邻八舍的大人小孩看。 他嘴角挂着喜气,炫耀说:"二南自己画的,看看,画得跟真的一样,鲜活呢。"

任裕道点亮了儿子的心灯,在他人生起步嗷嗷待哺的重要时刻,得以快乐地绽放自己。 儿时练字这一课,陶冶了任弼时沉静的性格,培养了内在的绘画、音乐等才能。

任裕道天天巴望唯一的宝贝儿子长大,在门框上刻了

"六十、七十、八十、九十……"的数字，隔三岔五就让儿子站过来，量一量身高，看长了多少。在敦厚、不善言语的乡村老师眼中，儿子每长高一点，就离长大成人近了一步，离走上社会、替任家支撑门户近了一步。

任弼时五岁了。

每当写完字，画完画，任弼时就缠着父亲讲故事。父亲忙时，妈妈讲故事，讲的都是狗能守门、鸡能啼晨。任弼时听了几次，不愿听了，嚷嚷着父亲讲的故事好听。只要是儿子让讲故事，父亲就不会推托，而是当成正事，一口答应下来。给孩子讲故事，能培养父子亲情，满足孩子的好奇心，更要紧的是孩子接受能力强，这些故事会影响他将来用什么样的眼光看社会，做什么样的人，走什么样的人生路。一有空闲，任裕道就端着水烟袋，吸上一口，讲中国"四大发明"；讲汉代苏武牧羊，被匈奴人扣留十九年，始终持节不屈；讲宋朝岳母在岳飞背上刺"精忠报国"四字。任弼时听了一遍又一遍，还是愿意听，打破砂锅问到底，追问苏武后来结果怎么样，秦桧为什么要害死岳飞。父亲毫不含糊地一一回答，讲的话多了，费的唾沫星多了，口干舌燥，嗓子眼冒着火气。

一场春雨一场暖，不知不觉，到了五月，阳光暖暖的，绿叶亮闪闪的。唐家桥的栀子花开得又大又香，爱美的妇女头发上、胸前衣襟上都插着、别着一朵栀子花，村子里四处飘荡着浓烈的花香味。

任弼时盼望看汨罗江、看赛龙舟的日子到了。

任裕道把带儿子看汨罗江、看赛龙舟当成了一件大事,提前几天料理好学堂里的事,让任弼时的妈妈包了粽子准备带上。任弼时的妈妈看儿子太小,叽咕说:"二南这点年纪,能走那样远的路吗?"

任裕道相信好钢是炼出来的,小孩不能娇生惯养,学会吃苦受累,长大才会有出息。他对任弼时的妈妈说:"二南五岁不小了,走路练筋骨有好处。"

妻子从来对任裕道是言听计从,但她还是怕儿子走远路遭罪受不了,提醒说:"二南没出过远门,你路上多背背他。"

任弼时生怕父亲改变主意,不带自己去看汨罗江、看赛龙舟,抢过话来说:"妈妈不要再说话了,我能走,我长大了,不用爸爸背着。"

也巧,有一辆马车去汨罗江附近,任裕道带着儿子搭上了马车。

唐家桥的古驿道与东边的白沙河是平行的,白沙河自北向南缓缓流淌,入捞刀河,再汇入湘江。古驿道北通大都,南达广东。

唐家桥像是飘在水上,附近河水淙淙,波光闪烁,轻轻摇晃着这个安静的古驿站。

马车走得快,路两边,随处可见粉墙村舍,桃红柳绿,山塘水田,小鸟飞掠。任弼时陶醉了,直怨两眼不够用,看到没见过的东西,像一只麻雀惊喜地喳喳叫,追问不停。

快到汨罗江边时,任裕道带着儿子下了车。

一条荒野小道,看起来不像是路,生满小草,弯弯曲曲,坑坑洼洼,估计都是人来看汨罗江、看赛龙舟走出来的。

任裕道用徒步磨炼儿子的坚韧,希望从小能培养起儿子吃苦耐劳、勇敢、坚强的性格。他心想,男孩子就要摔打,怕吃苦哭哭啼啼算什么男孩子,长大不会成大事。他激励儿子,给他背古诗:"路漫漫其修远兮,吾将上下而求索。"他对儿子说:"爸爸背的诗是屈原写的。"儿子精神抖抖地说:"知道了,我们马上就要看到屈原了。"父亲点头讲道:"屈原不怕走远路,不怕走难路,你怕不怕?"儿子大声喊道:"我不怕走远路。"

任弼时让父亲教着背屈原的诗句。他走累了,脸上挂着汗珠,耍起小脾气,不愿走了,要父亲抱着走。父亲替他擦了擦汗水,耐心地说:"屈原不怕走远路,不怕吃苦受累,你怕了?"任弼时顿时有了勇气,鼓起劲朝前走。

看到汨罗江了。

一 汨罗江什么样

汨罗江从江西幕阜山流出来，弯弯曲曲，流经湘阴县，最后流入洞庭湖。

汨罗江的江面不算宽，水流不急，也挺浅，却因屈原的故事美丽了，名气很大。江面平缓流着的江水，看起来是那样澄静，清澈见底。

江边上早来人了，好多好多，扶老携幼，望着岸边十多艘排列整齐的龙舟，穿红着绿的人们把锣鼓敲得震天响，等待比赛开始。

任弼时钻进人群，看着江面，问父亲："屈原在哪儿？"

父亲凝重地说："屈原在江底里。"

任弼时问："他为什么在江底里啊？"

父亲深沉地说："因为他爱着自己的国家。"

江风微微吹拂着父子俩。任裕道给儿子讲起汨罗江上划龙舟的故事，说老百姓划龙舟是在抢救屈原。他语气低沉地说，屈原爱国爱民，因直言进谏提出改革吏治主张，被反动贵族迫害，流放到汨罗江边，农历五月初五，他高吟《天问》，怀抱石头，跳入汨罗江。任弼时听得眼中蒙上了一层灰暗，内心十分悲伤。

任裕道说，屈原投江自沉，汨罗江边的百姓担心江中的鱼虾吃掉屈原尸体，男女老少包好粽子，装在船上，一边击鼓鸣锣，一边抛撒粽子喂鱼虾，让英雄在江底下安宁，从此就有了端午节赛龙舟、吃粽子的习俗。

父亲给任弼时幼小的心灵里种下了爱国的种子。孩子情真，攥紧小拳头，悲愤中说了一句话："我也要丢粽子、救屈原。"

龙舟赛开始了，龙舟上的人们挥桨击鼓跺脚，喊声震天；江面上浪花飞舞，龙舟你追我赶，激动人心。汨罗江两岸上的人群看得心情激荡，笑声、呐喊声响成一片。

小小的任弼时看了看江面上的龙舟比赛，拉着父亲的手，钻过人群，来到江边，拿出一个随身带的粽子，用力朝江中扔了过去，望着父亲，疑惑地问："鱼能吃到吗？"

多懂事的孩子，爱屈原，想救屈原！父亲疼爱地摸着儿子的小脑袋，点着头说："能吃到，能吃到。"

二　一年级学生的修业证书

任弼时的老家故居朝向西偏北，东临青松挺拔的天华山，北倚葱葱茏茏的隐珠山，西望蓊蓊郁郁的明月山，南眺人文荟萃的岳麓山，周边是片片稻田，屋前不远就是波光闪耀的白沙河。他家是五间三进两偏屋，灰瓦顶，青砖墙，白粉壁。大门前有半圆形池塘，池塘边的百年古松树，苍劲挺拔。蓝天、绿树、碧水、民居，古朴凝重，如诗如画。

任家房屋横梁和窗户上有透雕人物、花鸟及神话故事图案，堂屋里，挂着两块大大的匾额，一块上面刻着"光照壁水"，一块上面刻着"望重龙门"。"壁水""龙门"都寄予了读书人家跳龙门中举、升官飞黄腾达的心愿。

任弼时五岁这一年，任裕道应聘到湖南省公立作民两等小学堂当老师，教国文，不得不离开家乡，离开心爱的儿女们。这学堂距离任家二十多里路，开始，任裕道仗着身子骨结实，每天来回跑着走，早出晚归。中午，他在学堂里吃着家里带来的干饭，喝点冷开水，白天上课教学生，晚上赶到家里教儿子读书、画画、唱歌，工作教子两不误。日子一长，不行了，起五更睡半夜，太累了，尤其逢到刮风下雨，那就遭罪了。一次，天上刮风下雨，他撑着油纸伞回家，未到家里，浑身上下淋得像落汤鸡。他最心疼的是儿子。儿子心念父亲，闹着要妈妈带他到村口等爸爸。任裕道看到儿子和妻子撑着破旧的油纸伞，站在凉飕飕的风雨中，守在村口，身子冻得瑟瑟发抖，一脸焦灼……

那次，任裕道和儿子都感冒发烧了。

任裕道改变了主意，不再每天学堂家里两头跑，他索性带上儿子，住在学堂里。

儿子像是父亲的影子，父亲到哪儿，任弼时到哪儿。对读书识字，任弼时像天生就喜好似的。白天，父亲上课，他也去教室，坐在第一排，不哭不闹，像个小学生，安静地听课；父亲讲什么，他就学什么；别的孩子喊"先天下之忧而忧"，他也跟着喊。听父亲讲的东西多了，别的孩子不懂的事，他都懂，当起"小老师"，有板有眼地给他们讲文字典故。一次，父亲问学生们："你们知道《弟子规》原名吗？"

同学们眼睛睁多大，望着老师答不上来。任弼时举起小手,说:"是《训蒙文》。"

父亲惊喜地问:"你也知道? 那知道是谁写的吗?"

在父亲面前,任弼时底气十足,拖长声音,奶声奶气地说:"李毓秀。"

父亲问:"知道是哪个朝代的人吗?"

任弼时说:"是康熙年间人,还是秀才。"

父亲喜形于色地说:"你还知道什么?"

任弼时不假思索地说:"三字一句,两句一韵。"

父亲为之一振,掩藏不住内心喜悦之情,说:"二南,答得对,想不到你懂得这样多。"

任弼时受到鼓励,又有更好的表现,在同龄人面前,大声背诵着:"弟子规,圣人训。 首孝悌,次谨信。 泛爱众,而亲仁。 有余力,则学文。 ……"

父亲见任弼时真的长大了,懂事了,他下课回到办公室,坐在办公桌前批改学生作业,儿子趴在一边桌上,不吭声不吭气,描红习字。 看到有的老师喝水,他就端水给父亲喝。 别的老师看见,就感慨道:"二南小小年纪知道关心、体贴爸爸,将来准是个大孝子,有出息。"任裕道心里好激动,觉得栽培儿子付出的心血没有白费,假以时日,儿子一定会照着他和祖上的意愿长大成人。

平日里,任裕道和儿子吃的饭菜,全是任裕道自己动手做。 常言道,在家千日好,出门一时难。 在家里,任

少年任弼时

裕道只管读书和教儿子识字，很少动手做饭炒菜，现在他和儿子在外，一顿饭不做就一顿没吃的，只好赶鸭子上架，自做自吃。

任弼时真乖，父亲做什么就吃什么，不拣嘴，不挑食，有时干饭做夹生了，不嫌弃，大口地吃。父亲问："不夹生吗？"他摇摇头说："不夹生。"一天傍晚，父亲做饭时，米没了，屋里只剩下两个红薯，就对儿子说："没米做饭了，我们晚饭只有这两个红薯。"父亲看着儿子吃下一个红薯，又让他吃第二个红薯，可儿子吃到一半时，不吃了，非要让父亲吃。父亲心里暖洋洋的，儿子知道心疼爸爸了。这天晚上，任裕道辅导儿子画画，教他练习素描，简单画一些姿势、线条、明暗关系，直到儿子犯困打哈欠，他才让儿子洗脚上床睡觉。

任裕道和儿子睡一张床，盖一床被子。儿子在被窝里睡不着，肚子里咕咕叫，翻身打滚，说肚子饿了，想吃东西。

父亲的肚子也饿瘪了，眼睛瞅了瞅儿子，朝狭小的屋里望了望，四周空洞洞的，拿不出吃的。父亲想起家族里一个长辈说的话，喝水也能充饥。他端来冷开水，对儿子说："我们喝水，喝下肚子就不饿了。"

父亲带头喝水，咕咚咕咚，一连喝了两大碗，拍着肚子说："好了，饱了，这下不饿了。"

儿子好不容易喝下一碗水，不愿喝了，还说肚子里饿。父亲想到了背古文，转移儿子注意力，忘记饥饿。他对儿子说："二南，爸爸教你背古文好不好？"

儿子眼睛亮了："好啊，什么古文？"

父亲说："《木兰辞》。"

儿子听父亲讲过花木兰，嬉笑着说："我知道花木兰。"

父亲和儿子枕着一个枕头，他用臂膀搂住儿子，轻声吟诵道："唧唧复唧唧，木兰当户织。不闻机杼声，惟闻女叹息。……"

父亲背上一句，儿子跟着学上一句，背着、背着，儿子就两个眼皮打架，困得打哈欠，睡着了。

每当回家时，任弼时最开心了，跟着妈妈、妹妹在院里院外跑，把在学堂里遇到的有趣事情，一五一十地说出来。妈妈拿出红薯片子让他吃，他懂事地说："我和妈妈一块吃。"

妈妈拿了一个烧芋头给他，任弼时不要，大声说："妈妈岁数大，要吃大的，我岁数小，要吃小的。"

妈妈喜得合不拢嘴，连连说："二南真乖，懂事了。"

妈妈逗着任弼时玩，拍着他的手掌，猜着谜语："没枝没叶没人种，一夜北风银花开，花儿随风漫天舞，房上地上全变白。"

少年任弼时

任弼时随口答出来："是雪花。"

妈妈惊喜说："二南好厉害，马上猜出来了，真聪明哟。"

任弼时让妈妈猜谜语："好吃没滋味，脏了不能洗，掉到地面上，再也拿不起。"

妈妈憋红脸，想了半天猜不到。

任弼时嘻嘻笑着告诉妈妈："这是水嘛。"

妈妈恍然醒悟，拍着脑门说："我怎么没想到啊。"

任裕道抱着女儿，玩笑着说："当妈妈的不行了，猜谜语都猜不过儿子。"

妈妈红着脸，用自豪的语气说："谁让我们家二南是小秀才呢。"

一有空闲时间，任裕道就带着任弼时到水田间的小路上走走，摘一些狗尾巴草，教儿子编个小兔子、小猫、小老鼠，逗得儿子"咯咯"直乐。父亲带着任弼时到白沙河边散步，不放松半点时间，看着河流，给儿子讲河流的知识。他细细地告诉任弼时，这条河要经过哪些地方，拐几道弯才流到湘江，为什么叫湘江。儿子没完没了地问，他没完没了地回答。儿子问湘江是什么样，有没有汨罗江长和宽，他什么时候能去看一看。任裕道声情并茂，两手比划着说："中国很大，有很多大江大河，有长江、珠江、嘉陵江、黄河、淮河、湘江，它们都比汨罗江

二 一年级学生的修业证书

… 17

长得多、宽得多，尤其是长江，比什么河都要长、都要宽。"任裕道说这些话时，神情非常庄重、神圣。任弼时被震撼了、感染了，神往地说："爸爸，我什么时候能看到那些大江大河呢？"

任裕道说："古人韩愈说，书山有路勤为径，学海无涯苦作舟。只要好好地读书，像你凯爷爷一样上学成绩优等，将来不仅能看到湘江，看到长江，还能走遍天下，看到更多的大江大河。"

任弼时说："我一定要好好地读书，看到湘江，看到长江，看到黄河。"

任裕道教会了儿子游泳。儿子天生喜好水，父亲抱着他下水，任弼时不高兴，闹着摆脱掉父亲，独自跑到水里，趴在河边玩水。父亲托着他学游泳，呛了水，问他怕不怕，他撸一把脸上的水珠，嘻嘻哈哈说："不怕。"别的孩子用六七天才学会游泳，任弼时学了三天就会了。他和父亲比着扎猛子，看谁游得远；输了，不服气，有一股犟劲，缠着父亲比下去，直到父亲输给了他。

任裕道教会了儿子捉鱼网虾。在水田里捉泥鳅、鳝鱼不容易，泥鳅、鳝鱼灵活，浑身溜滑，用手抓不住。任弼时在泥里发现泥鳅、鳝鱼，双手合成"盆"形，迅速地把它舀进旁边的篮子里。他从水田里出来，浑身是泥，变成了"泥猴子"。下雨时，任弼时戴着箬笠，带着叫

"操劳子"的网具去网虾子。他找到水草茂密的水塘,虾子多,个头大,让家里时常吃到他网的虾子。

洞庭湖在唐家桥北面,大概有两百多公里路。任弼时是先会背《岳阳楼记》,后看到洞庭湖的。

任裕道选择一个大晴天,带着儿子去看洞庭湖。

洞庭湖浩瀚无波,湖面上遮着迷蒙的薄纱,远处的山峦层层叠叠,迤逦连绵。湖上有不少陆洲,树木碧绿青翠。岸边的一丛丛芦苇,迎风摇摆。一只船上的老者戴着箬笠,吃力地撑着竹竿,船在水中缓慢地前行着。任裕道望着眼前的划船人,思绪不断,心里波浪翻滚,百姓在为生活艰难打拼,自己又何尝不是呢?

任裕道问儿子:"你把《岳阳楼记》全背下来了?"

"我全会背了。"儿子颇为得意,随即就兴高采烈地背着,"予观夫巴陵胜状,在洞庭一湖。衔远山,吞长江,浩浩汤汤,横无际涯;朝晖夕阴,气象万千。……"

任裕道激励说:"二南好样的。你知道文章写的什么意思吗?"

儿子晃晃头说:"不知道。"

任裕道说:"你把最后两句话再背一遍。"

儿子欢快地蹦着跳着说:"我早会背了,先天下之忧而忧,后天下之乐而乐。"

任裕道望着一湖碧水说:"全文最重要的便是这句话

了,一个人如果有作为,首先要多为百姓想事、谋事、干事。"

儿子若有所悟地说:"我记住了。"

七岁了,任弼时报名进了作民小学读书。在大多数孩子刚刚开蒙时,他已按要求学完了全部规定课程,学校打破常规,给这个被列入最优等的一年级学生,颁发了三年级的修业证书。

三　不一样的才俊

好老师是个香饽饽。

任裕道的本家小叔任岱云，从长沙明德学堂师范速成班毕业，拉着任裕道，办了一个新式"求志学堂"，一起当老师。任裕道喜欢当老师，培养湖湘学子正合他的心意，二话不说，答应下来，要给冷水井老家栽培人才。

任弼时跟着父亲到"求志学堂"当学生。

任裕道没有想到，"求志学堂"开办不久，任氏家族在塾塘乡创办的另一个新式"序贤学校"居然也瞄上了他，不容分说把他"挖"走了，聘任做国文老师。

十岁的任弼时跟随父亲来到"序贤学校"，拿着作民小学的修业证书，插入三年级学习。按照族谱的辈分排序，孔、孟、开、科、甲、光、裕、培，任弼时为"培"字辈，父亲给他取谱名，叫任培国。

任裕道来到序贤学校这天，任弼时看到了校长、老师们对父亲发自内心的尊敬和喜爱，全校学生列队在新盖的教室前迎接，热烈地鼓掌欢迎新老师的到来。父亲讲话了，全校学生静静地听着，鸦雀无声。校长还拉着任弼时的手，亲热地说："任培国，序贤学校欢迎你。我知道，你在作民小学读书，一个学年总平均分数八十四分一厘七毫，列入最优等。"

任弼时稚嫩的脸蛋上绽满了幸福的笑容，心里比吃了蜜糖还甜。他第一次见到新校长，害羞地低下头，心里热乎乎地想，我在作民小学读书列入最优等，校长也知道啊，好厉害！

小小任弼时睁大眼睛，崇拜地看着父亲，像第一次认识，仰望着，心里溢满自豪感。他发现父亲真的了不起，有学问，被人这样地爱戴……

他敬仰父亲，想做一个像父亲一样有学问的好老师。

自此，任弼时暗暗发誓，一定要做一个不一样的好学生。

任弼时和父亲住在学校里。这里和当年在作民小学不一样，住的房子大不少，任弼时和父亲一样，也有一张床，一张书桌，一盏油灯，这样的礼遇，让他受宠若惊。

学校只有几个老师，教学任务繁重。学生有百十个，几个班级学生年龄不一样，从七八岁的小孩，到十三四岁的五年级学生，文化基础更是参差不齐。任裕道每天上四到六节课，总是连轴转，教会了这班，再赶去教那班，教诵读古诗文，教学生写文章，教他们算术，教他们画画，教他们唱歌。晚上，任裕道看书、批改学生作业，任弼时读书、练字、画画。

学校雇了个家厨做饭，费用是学校支一点，吃饭的老师掏一点；一日三餐，粗茶淡饭，两菜一汤。任裕道教得好，每月二十四元薪水，比其他老师多四元钱，正好收支相抵，够他和儿子的生活费用；遇到了头疼脑热、欠薪水的事情，伙食费就有点紧张。任裕道几次想给儿子买双洋气点的鞋子，一直落不下钱来。再没有钱，任裕道也不会让儿子挨饿，身体是干事情的本钱，没有好身体，有天大的本事也没用处。他给做饭的师傅添了几个钱，晚上给读书写字的儿子加喝一碗稀粥作夜宵，填填饥饿的肚皮。每周吃一次石灰蒸鸡蛋，或者水煮荷包鸡蛋做荤菜，给成长的孩子补补身体。任弼时舍不得吃，任裕道不解地问："怎么回事？"

任弼时直接说："鸡蛋是学校花钱买给老师吃的，我不能吃。"

任裕道用筷子夹着鸡蛋，放进儿子碗里，又被任弼时夹回父亲碗里。

任裕道性格和善，说话随和，没想到一直听话的乖儿子，突然不听话了，心里冒火了，说了难听话："你是不是

三　不一样的才俊

长大了，可以任性了？"

任弼时默不作声，用筷子夹着青菜下饭。

一个瘦小的老师劝任裕道甭生气，看着任弼时笑着说："孩子，你放心吃鸡蛋吧，是你爸爸掏钱买的。"

任弼时说话算数，说不吃就不吃，一直吃着青菜。

任裕道气得吃不下饭。

瘦小的老师帮着找原因说："任培国可能到叛逆年龄了。"

任裕道拿儿子没法子，他心疼儿子，正是长身体的年龄，晚上挑灯夜读拼命学习，没有营养，身体垮了怎么办。他从牙缝里挤出点钱，买来鸡蛋给儿子吃，儿子却不领情。

在一起当老师的堂叔父任鼎延面前，任裕道无奈地说："儿大不由父。"

任鼎延点点头，眉开眼笑地说："培国懂事了，明白不少道理，我看他不吃学堂里的鸡蛋有些道理。你不要生气了，冲他发那样大的火气，他愣是一声没吭，有教养啊，有点像你，像我们任家的人，孺子可教也。"

任裕道听着，心里好受多了，舒口气说："他长这样大，还是第一次这样不听话。"

私下里，任鼎延拍着任弼时肩膀，满意地说："培国，叔祖父表扬你，你做得对，有志气。不过，你要知道爸爸

少年任弼时

对你的一片苦心。"

任弼时听了长辈的表扬，很谦恭，鞠了一个躬，说："谢谢叔祖父。"

在十几个任氏晚辈中，任鼎延最喜欢、欣赏的要数任弼时了，这个侄孙学习肯吃苦，下功夫，关心国家大事，特别爱读报，在长沙工作的叔叔寄回家中的报纸，都被任弼时拿来看。有一次，他看到任弼时在地上拣起一小片报纸，反复看了好几遍，还舍不得丢掉，装进衣兜里。任鼎延从一些小事上看出任弼时的品性，觉得他懂事有礼貌。平时任弼时到他屋里去，总是先轻轻敲门；他和任裕道说话时，任弼时从不随便插嘴；吃东西细嚼慢咽，没有太大声音；没有听他说过粗俗话；撞到人的时候总要说一声"对不起"。

任鼎延是见过世面、有见地的人。

任弼时非常敬畏叔祖父任鼎延，叔祖父青年时代是清朝名将左宗棠部下，曾随左宗棠西征新疆，讨伐中亚浩罕汗国阿古柏匪帮，立过战功；中法战争爆发后，又随军血战广西镇南关和越南谅山，因保家卫国而获御匾"光照壁水"。这块御匾高挂在老家冷水井老屋正厅的门楣上，闪闪发光，让多少乡邻眼睛发热，对任家刮目相看，肃然起敬！

任弼时常会缠着任鼎延讲左宗棠，怎样穿过千里漫漫

三　不一样的才俊

黄沙路，用六万人大破叛匪几十万人，让他讲怎样拿着七响洋枪打死匪徒。任鼎延喜欢把往事说给任弼时听，这个侄孙是真的想听，用心在听，眼睛盯着他不离开。他讲到遇险时，侄孙眼睛瞪大，神情紧张；他讲到打得匪帮丢盔弃甲时，侄孙眼睛发亮，两手鼓掌。任鼎延喜欢任弼时提出一些稀奇古怪的问题，什么那些匪徒长什么样，长相凶不凶，说话能不能听懂，他们吃什么，凭什么侵犯新疆，他都一一回答，直至侄孙满意为止。任鼎延说，孩子多问、会问、刨根究底地问，这是好事，长大后知道的事情越多，就越能干大事。

任鼎延给任弼时讲鸦片战争，讲辛亥革命。任弼时听了，一会难过、气愤，一会兴奋、激动，他攥紧拳头，眼睛里带着火说："这样的皇帝活该被撵下台，把中国糟蹋得百孔千疮。"

二十世纪初，帝国主义的经济势力，如洪水猛兽，冲进中国内地，在湖南境内，岳阳、长沙先后进行通商。

任鼎延伤感说："岳阳和长沙海关进口洋货达到银锭七百六十二万两，出口的东西只有五百二十七两，只有进口的一万四千四百五十九分之一。"

少年任弼时爱国思想萌发，痛恨洋人，他焦急地问："叔祖父，那怎么办呀？"

任鼎延说："我们岳阳人在担心，长沙人在担心，中

少年任弼时

国人全担心呐，已经发动了起来，在抵制洋货，号召大家用国货。"

任弼时放下悬着的心说："这样就好了，不能让洋人的阴谋得逞。"

任鼎延温暖的目光照在任弼时脸上，说："中国的希望寄托在你们少年身上，洋人看不起我们中国人，说我们是'东亚病夫''一盘散沙'。"

任弼时文静的脸上燃起火来，气恨恨地说："他们才是病夫。"

任鼎延说："你们这一代要好好地发奋努力，团结一心，将来让国家不再挨欺负。"

任弼时说："是人都有爱国心，国家要强大，必须要人心齐，同心同德。"

小学生任弼时在乡间长大，视野不过唐家桥方圆几十里，最远不到百把里，但他的爱国思想和民生境界超越了其他少年，难能可贵。

任弼时团结同学，成了班里同学们的"小太阳"，大家都喜欢围绕在他的周围。班里同学之间有隔阂，形成了两群，互不往来，相互吐唾沫，说挖苦话，嘲笑、讽刺对方。他们都向任弼时伸出手来，哪边争取到他，哪边的群体就会扩大。任弼时看得清楚，谁的边都不沾。两群同学的隔阂越扯越深，似乎隔着"楚河""汉界"。

三　不一样的才俊

老师知道了，找两边同学谈话，找他们爸爸"告状"，好上没有几天，又你争我斗"旧病复发"，打架斗殴"卷土重来"，你朝我白一眼，我朝你吐一口唾沫，搞得学校乌烟瘴气。

任弼时看不过去了，性情活泼而温和的他，没有劝说他们一句话，而是手中大笔一挥，洋洋洒洒，直抒心意，写了一篇作文《合群说》。他没有就事论事，仅当一个和事佬，写的是要大家团结，劝同学不要互相猜忌、互相看不惯、乱撕扯、乱开骂。他写的作文正气横流，如同站在高山上，俯看江河奔流，云卷云舒，花开花落。他想得深、想得远，动之以情，晓之以理，给同学们拨开迷雾，令人豁然开朗。他饱含深情，笔尖下流淌着苦难、沉重的国家：国者由人民而成，必赖人民以强，欲强之道，莫如合群，士、农、工、商皆能合群，则必能富，富者强之。……中国有四万万同胞而不能胜少数之小国者，咎在不能合群也。

少年的作文，虽还带着稚气，但却闪耀着团结为富民强国的根本、中国国弱的根本原因是不团结的思想火花，粲然于笔端，触及心灵。

序贤小学的校长读了《合群说》文章，用手猛地一拍办公桌，叫好道："序贤小学出才子了，落笔惊风雨啊。"

校长把《合群说》拿给任裕道看，动情地说："看看你家任培国写的文章，序贤小学没有第二个人能写得出来，当代才子。"

任裕道看了文章，发自内心地笑着："初出茅庐，有点想法。"

任鼎延朗声笑道："江山代有才人出，青出于蓝胜于蓝，培国将来准有出息。"

在课堂上，老师捧着作文《合群说》，激动地高声诵读，同学们静静地倾听，怦然心动。

两群有隔阂的同学听着《合群说》，脸红脖子粗，心里难过、惭愧、自责。作文的字里行间，没有提到同学们一个字，可字里行间的意思和内涵分明是有所指向，明了通透，告诉他们：国难当头，同学们不能四分五裂地闹不团结，要心连心，拧成一股绳，为中国富强奋斗。

同学们暗暗赞叹，任培国真厉害，秀才不出门，能知天下事，尽得同学心。

老师看着同学们说："你们要向任培国同学学习，也要写出这样的好文章。"

有个同学举手报告说："老师，我看到任培国写了好多文章，有写他妈妈的《家风尚勤俭》，还有《说公德》《说阅报之益》……"

老师有点激动，一时不知用什么话来表达内心的感情，自顾说了一句："任培国是个才俊，只有他能写出这样的好文章。"

同学们对任弼时诚服了，有隔阂的同学捐弃前嫌，走到一起，大家和好了，校园内传出欢快的笑声，生机勃勃。

四　十一岁的烦恼

夏天，任弼时从序贤学校毕业，走出了校门，少年的烦恼接踵而来。

他十一岁，初小毕业没有学上了，心里空落落的，不知怎么是好。同学们各有各的打算，大多数人觉得识几个字不当睁眼瞎子就行了，念那么多的书不能当饭吃，白花钱，不如在家割草喂牛，只有少数人还在想着去县里高小念书。

任弼时头脑里也是云山雾罩，不知自己下一步怎么走，是在家里下田做农活，还是到县城、省城去读书呢？他知道，这一年湖南省立第一师范学校附设高小部招收新生，他真想去那里继续上学。他是太想念书了，念出了甜头，如果断了念书就像断了吃饭、断了喝水，饥渴难忍，一天也受不了。他内心里那一种焦灼的渴望，像爬山，爬着爬着，眼看就要到山顶，看到早晨喷薄而出的太阳,霞光将要沐浴到自己,他伸出两臂,就要扑向太阳,拥抱一轮辉煌的生命,可突然间,他感觉到两腿有点发僵,爬不动了,心慌意乱,担心霞光照不到自己,拥抱不了绚丽的太阳。

任弼时心中有一个顽强的信念,上学的路一定要走下去,父亲绝不会中断他的学业,把他留在家里,让唯一的儿子在家里种田。他心想:父亲是湘阴师范学校毕业的,是个读书人,明白念书是大事,对儿子、对任氏家族意味着什么,是多么地重要……

任弼时痴心想着上学,都产生了幻觉,常常觉得自己已经走在去湘阴县城、长沙省城上学的路上,看到比序贤学校要大很多很多的附属高等小学校。

心里已经估计到能够上学时,任弼时突然又有点不放心,越想越觉得上学有点悬乎。他想到了家里的情境,父亲每个月拿到的一点钱,仅够自己花销,妈妈又给他添了一个妹妹,多了一张吃饭的嘴,全家人靠着租给别人的田地得到三十担稻谷,日子过得紧巴巴的,还能供养自己上学吗?他听同学说,县城、省城念高小,每年每人要交学费银元四五元,如果住校,每年还得加收银元一两元的住宿费,这么多的钱从哪来,这还不包括自己的一天三顿吃饭……

任弼时的愿望愈是强烈,愈是不敢再想了,也不愿意想了，想得多了，心里沮丧的尘埃堆积得越多，觉得希望更加渺茫、黯淡，身上像有虫子咬一样难受。

中午，太阳热烘烘的，坐在阴凉下，大人小孩身上还不断地淌着汗水。

任弼时不管天气闷热，光着上身，顶着白花花的阳光，跑到白沙河边，一言不发，拿着纸和笔，闷声画着河流、小船、白帆、树木。

任裕道穿着一件白色的单衣衫，挽着袖子，坐在门口；端着水烟袋，点着火捻子，朝烟壶里一戳，点着了烟丝，不紧不慢吸进嘴里。他看到儿子蹲在河边树下画画，摇了摇头；摁灭火捻子，丢下水烟袋，拿着蒲扇，举在头上，遮着太阳光，走了过去。他知道儿子为什么闷闷不乐，顶着大太阳跑到河边画画，是在故意折磨自己，发泄郁闷不宁的情绪。儿子的心事，就是父亲的心事。父子的心是相连的。

任裕道走到任弼时身边，看着他画画，给他悠悠地扇着凉风，体贴地说："外边热，回屋里吧。"

"我不热，你回去吧。"任弼时继续埋头画画。

"怎么不热，浑身是汗。"任裕道不愿离开，拿着扇子，给儿子扇风。

"不要紧。"任弼时的铅笔在纸上不停地画着。

任裕道看着儿子细嫩的脖子，看着他不紧不慢地画着

四　十一岁的烦恼

小船。 一只蚊虫爬在任弼时脖子上,任裕道用手指轻轻捏住,蚊虫的血沾在手指上,透着一股少年血气方刚的味道。 儿子长大了,任裕道不愿意看到十一岁的儿子这样烦心,背上一个少年不该有的沉重的负担,他愿意看到儿子和别的孩子一样,下河游泳,捉螃蟹,抓黄鳝,网小虾,快活地、无忧无虑地玩耍。

任弼时用很短时间勾勒出一只小船的外形,涂描着明暗层次。 任裕道看着画,觉得儿子的画越画越好,他这个当父亲的画的画快赶不上儿子了。

此时,任裕道看着画,心已飞走了,飞出唐家桥,飞向长沙,飞到湖南省立第一师范学校附属高等小学,想着儿子能不能报考上附属高等小学,脑海里放电影一般叠现出长沙的亲戚、朋友、同学,想让他们帮忙……

父亲把儿子视为这个世上最无价的宝贝,看作自己生命的依托。 为了儿子,父亲只要能够做到的,一定会想尽办法做到,他愿意为儿子上天摘彩虹,下海去捉鳖,掏心摘肺,在所不惜!

任弼时画好了小船,任裕道也想好了找长沙哪一个亲戚、同学帮忙为儿子解决上学的事情。 他轻松地蹲下身子,摇着蒲扇说:"二南,我们说说话吧。"

任弼时看父亲一直给自己摇着蒲扇,站起身,要夺过蒲扇,给父亲扇风。 任裕道紧紧攥住蒲扇,说:"你好好地待着,我喜欢给你扇扇风。"

父子俩不顾天热,坐在河边树阴下,看着阳光透过绿叶洒下一地斑驳,不紧不慢地谈论着升学读书的事。

白沙河缓缓地流淌,像给父子俩弹拨着悠扬悦耳的花鼓小调。

任裕道说:"二南,你在为上学发愁吗?"

任弼时随手拔了一棵青草,含在嘴里,含混不清地"嗯"了一声。

任裕道说:"遇事不要愁,人的一生会遇到很多难处,为这点小事就犯愁,那就太没出息了。"

任弼时嘴里嚼着带有淡淡甜味的青草,不讲话。

任裕道说:"我马上给长沙亲戚写信,看怎样报考附属高等小学。"

突然而来的喜讯,让任弼时浑身一振,嘴里吐出青草,坐直身子,恍然大悟地问父亲:"哪来的钱,我家有钱了?"

任裕道说:"你小孩子不要操这个心,钱是大人的事,告诉你,家里就是砸锅卖铁,不吃不喝,也要供你上学,何况家里还没有穷到吃不上饭的地步,我还有一份教书的酬劳,家里租田每年能收三十担稻谷……"

任弼时激动得身子微微抖动,好像已经被附属高等小学正式录取了,感受到了跨进新学校的喜悦。

四 十一岁的烦恼

任裕道说:"不要这样胡思乱想、精神不振,你只管准备报考学校的事,成绩才是你要考虑的。"

任弼时心里异常激动,但还是有点不放心,说:"钱拿给我上学了,家里怎么过日子?"

任裕道说:"我说了,这是大人的事,小孩子不要操心,我和你妈商量过,家里勒勒裤腰带,过一点紧日子,还能过得去,省下钱,让你上学,继续深造。"

任弼时看着父亲,鼻翼翕动着,眼睛湿润了,闪耀出感激与希望的光芒。

远方吹来一阵清风,树上的绿叶轻轻地摇晃,河里荡起细碎的涟漪,大自然一派和谐的景象。

任裕道和任弼时还在讲话,父子俩之间弥漫着浓浓的亲情。

任弼时问:"爸,你写信给长沙亲戚,他们能帮上忙吗?"

任裕道不含糊地说:"能。"

任弼时说:"是哪个亲戚呀?"

任裕道说:"我们是个大家族,在长沙亲戚多了,光是我这一辈的就不少,士农工商都有,好多都是通过考试在长沙兴家立业……"

任弼时感慨地说:"我们任家的人好厉害呀!"

"上海、北京还有亲戚呢。"任裕道更加自豪了,给儿子使劲地扇着蒲扇，滔滔不绝，满脸自豪地说着家族中引以为荣的人和事，"你凯叔公刚到英国伦敦大学留学，你小叔叔任理卿，比你长九岁，从江苏南通纺织学校毕业出来，到上海一家纱厂当了一年多工程师，又到了上海矿业学校当教授……"

任弼时的眼睛越过河流，越过唐家桥，遥望远方，向心中景仰的族人行注目礼。

任弼时心里不忘自己上学，把话题又拉回来说："爸，你把信里要问的内容写仔细了，千万不要漏下什么，把什么时候报名，外乡人报考有什么规定，考试考些什么范围，录取分数线多少，都写上去。"

"我知道的。"任裕道显得很有经验似的，成竹在胸地说，"我还要问问什么时间张榜公布分数，招生会不会有人走后门。"

任弼时说："你问那些方面干什么，废话嘛，我要凭自己实力考试上学。"

任裕道咽了口唾沫，自觉刚刚说的话是多余的。

任弼时站起身，像吃了定心丸似的说："爸，考试我不怕，你放心，我一定会考上的。"

任裕道点点头，充满信心地说："儿子，我相信，凭你的学习成绩，考试没问题，爸爸一点不担心。"

当天，从唐家桥邮政代办所寄出一封信，邮差快马加鞭飞向长沙。

任裕道全家人等着长沙的回信。任弼时望眼欲穿，常常跑到邮政代办所，看来信了没有。几次，他晚上做梦，满头大汗喊着："来信了。"忽又惊呼，"我的信呢，信咋不见啦！"

唐家桥人都知道任裕道家里焦急地等着长沙来信，知道这是一封什么样的信，这些沾亲带故的人们，心里都希望任裕道的儿子能上学，顺风顺水，希望任弼时能够心想事成，有出息。

任鼎延来到任裕道家里看任弼时，把宽慰、轻松、快意全带来了，屋里有了轻松、凉爽的感觉，笑声朗朗不断。任鼎延说："你们尽管放心，培国德智体都优等，大有出息，长沙学校的大门会给他敞开的。"

任裕道一脸欣喜地说："托叔父的吉言，要真是这样就好了。"

任鼎延眼中闪着爱，对任弼时说："知道你去的是个什么学校吗？那是个名校，湖南省立第一师范学校，隔着一条湘江，能看到对面的南岳七十二峰尾峰岳麓山，山坡上有一座千年学府岳麓书院，是一所历史悠久的大学，朱熹和张栻开坛讲学的地方，开了中国理学先河。这里钟灵毓秀，曾国藩、左宗棠、彭玉麟、胡林翼一大批湘军领袖，都是从这里走出来的。"

任裕道跟着说:"我听说过岳麓山的半山腰,有一座爱晚亭,它与滁州醉翁亭、西湖湖心亭、北京陶然亭并称中国四大名亭,爱晚亭周围都是枫林,夏天时阴凉,深秋时通红一片。"

任弼时乌黑发亮的眼睛忽闪一下,说:"我知道爱晚亭,得名于唐朝杜牧的诗句:'远上寒山石径斜,白云生处有人家。停车坐爱枫林晚,霜叶红于二月花。'"

任裕道、任鼎延相视一笑,脸上绽满着快意。

八月眼看就要过去时,任弼时的好事来了,挡不住地来了,长沙的亲戚来信,告诉说,湖南省立第一师范附属高等小学,接受任弼时报考上学。

任弼时心里踏实了,仿佛自己已经走进了附属高等小学。

就要离开唐家桥,到长沙报考学校,妈妈要给任弼时做一身新衣服,买一双新鞋子,任弼时死活不肯要。妈妈心急地说:"你这孩子,怎么这样犟脾气,你爸爸说了,去的是名誉优良、规模宏大的学校,穿戴不好,是要丢任家脸面的。"

任弼时说:"我到长沙去上学,要花费很多的钱,绝不再添置衣物,如果妈妈要执意做新衣服,我不如不上长沙报考学校了。"

妈妈又气又急,眼睛里闪着泪花。

四 十一岁的烦恼

任裕道一直未给儿子买洋气鞋子，心里隐隐不安，对任弼时好声好气地说："不做新衣服，买双鞋子，这行吧？"

任弼时看着自己脚上打补丁的布鞋子，说："鞋子好好的，也不用买新鞋子了。"

任裕道说："二南，再节俭也不能这样节俭，鞋子还是要买的。"

任弼时讲出了一番新道理说："穿了新鞋，旧鞋就不穿了，何必浪费呢？只有节俭才能细水长流，不节俭有了钱也会没钱的。"

任裕道听着，觉得有道理，嘴里说不出话来。他感到这个暑假，儿子突然变了，变化很大，像个小大人了。他对任弼时妈妈说："那就听二南的话，不做新衣服，不买新鞋子，节衣缩食，把剩下来的钱，都留给他上学。"

任弼时又说："我们生在农村，必须时时处处勤俭节约，从小处来说，勤俭能够转家运；从大处来说，勤俭能够转国运；'历览前贤国与家，成由勤俭败由奢'。现在，我们国家国势渐弱，人民生活艰难，洋人欺负我们，我们更要发扬勤劳节俭的优良传统。"

任裕道震惊了，用崭新发亮的目光打量着儿子，惊喜地欣赏着儿子，儿子真的变了，不再是昨天那个稚气的孩子，长高了，成熟了，用超出他实际年龄的眼光，观察社会，认识世界，思考人生了。任裕道用陌生的目光看着儿子，觉得他简直就是一个小老师。

任裕道不再讲话，端来水烟袋，一口接一口地抽着，吞云吐雾，思绪纷涌，他觉得儿子的学识已经超过自己，他感到自己不如儿子了。

任弼时的妈妈没有说服儿子给添置新衣服，感情上觉得亏欠了儿子什么，心里似乎被掏了一个洞，透着嗖嗖凉风。她是个心灵手巧的贤妻良母，总想缝补上心里的"洞"。她偷偷背着儿子，放下其他家务活，抓紧时间给儿子做鞋子。她用糨糊把一层层碎棉布裱糊成一块块布料，晒干，成了"袼褙"；翻出一本厚厚的鞋样书，找出儿子的鞋样子，改了一点尺寸，剪出新鞋样子，照葫芦画瓢，裁出了鞋帮子。

妈妈要做一双千层鞋底的布鞋，把纳鞋底的线绳捻得又细又结实，让儿子穿着舒服、稳当、踏实。

每天晚上，全家人睡下了，妈妈坐在桐油灯下，一针一线纳鞋底，纳的鞋底锥孔端正，针脚细匀，疏密得当，线绳勒得紧紧的。

她把母亲的疼爱全都纳到了鞋底上。

绱鞋帮时，妈妈用劲大了点，一不小心，针戳破了手，手指头渗出来一颗颗血珠子。她含在嘴里，咂了咂，

四 十一岁的烦恼

又低头绱鞋帮。

　　鞋子做出来了,妈妈笑着套在任弼时的脚上,试了试,不大不小,正合适。任弼时看着妈妈两眼熬夜熬得微微发肿,失去了往日的光彩,一种负疚感爬上了心头,眼里发热,一头扑到她怀里,说:"妈,我不是有鞋吗,你累成这样干什么啊。"

　　妈妈用手反复抚摸他的头,会心地笑着说:"只要儿子穿得合脚就好。"

　　任弼时点头说:"妈妈做的鞋子最合脚。"

　　妈妈低下头,用衣袖揩了揩儿子鞋上的灰尘,说:"你人在长,脚也在长,鞋子磨坏得厉害,妈要多做几双鞋子给你带上。"

　　"够了,穿不了那么多的鞋子。"任弼时目光落在妈妈鞋子上,那是一双陈旧的布鞋,他心疼地说,"妈,你给自己做双新鞋子吧,好让儿子也安心……"

　　妈妈急忙缩着脚,支吾说:"我每天大门不出,二门不迈,一双鞋子可以穿三年。"

　　"你把好穿好吃都给我们,自己总是这样节俭。"任弼时突然说出这句话,喉咙里泛起酸楚。他看着妈妈,一双鞋穿了多年,身上的衣服洗得泛了白,打着好多补丁,头上露出了几根白发。

任弼时对妈妈的感情涌上了心头。妈妈平时忙碌的身影在眼前一一浮动。妈妈慈悲为怀的菩萨心肠,在十里八乡远近闻名,她没跟邻里吵过嘴红过脸,没有听说过邻居背后嘀咕妈妈什么难听的话。妈妈与父亲很和睦,没有见过拌嘴,偶然嗓音稍大点说话,或许算是吵架了。妈妈是家里最辛苦的人,勤俭持家,相夫教子,敬老爱幼。她不像有的家庭妇女喜欢乱唠叨,无话找话说,她话语不多,一天到晚,手脚忙个不停,不是在厨房做饭洗衣服,就是跑到园子里干活,拔草、松土、泼水、施肥,样样都干。她里里外外都是一把好手,每天把桌子、凳子、床头、锅台、窗玻璃擦洗得干干净净。她从不乱花一分钱,总想着把一分钱掰开作两分钱用。自己衣服从不舍得添置,家里吃的米饭都是干饭和稀饭搭配有序,有时有点带荤的菜,都是让长辈和儿子、女儿们先吃。父亲经常给她夹菜,她总是推托着说:"我吃饱了,你们多吃点。"又把荤菜分给孩子们。

母子俩的对话,任裕道听得心里发热,当妈妈的对儿子这般疼爱,儿子又这样爱护妈妈,舐犊情深,赤子之心,让他动了感情,吟诵起古诗:"慈母手中线,游子身上衣。临行密密缝,意恐迟迟归。谁言寸草心,报得三春晖。"

四 十一岁的烦恼

妈妈身上散发出来的光芒，照进了任弼时的心里。他望着妈妈慈善的脸庞，心里说了一句：我一定要考上湖南一师附属高等小学。

带着感恩与憧憬，任弼时走出乡关，踏上了去省城长沙的求学路。

五　在父亲身边

任裕道陪着儿子去长沙。

他不是第一次去长沙,从小到大,起码去过八九次。不过,这一次最庄重、神圣,关系到任家"薪火相传""崇文世第"的大业。

天刚亮,叽叽喳喳的喜鹊叫声中,任裕道背上行李,包括盛水的竹筒和雨伞,拿着路上吃的干粮,带着任弼时上了路。

唐家桥到长沙要走八九十里旱路,过三座桥。任裕道照着长沙亲戚说的时间,算计好了,一清早动身,晚上到长沙,让儿子好好歇息下来;第二天早上,到湖南一师附属高等小学报名,准备考试。

乡村的早晨,和风吹拂,空气清新,道路两边树木扶疏,水田稻穗扬花,莺歌燕舞,自然界的一切都是那么富有生机。

任弼时背着装有考试复习课本的包袱。第一次去长沙，去大城市、去岳麓山下、去湘江岸边、去橘子洲头，他兴致勃发，对未来满怀着希望，快乐地走在父亲身边。

呼吸着新鲜的空气，任弼时的心情澄静美好。

任弼时没有徒步走过太远的路，任裕道就问："二南，有没有信心走到长沙？"

任弼时昂着头，什么都不在乎地说："有信心。"

任裕道满意地笑了笑，打气说："好样的，不要怕山高路远，只要你勇敢地走在路上，路就会怕你。俗话说，眼是狗熊，腿是英雄。眼里看的路很远，心里想的路很近，两腿走着走着就到了。"

任弼时嘴里"唔"了一声，挺胸抬头，甩开两臂，雄赳赳、气昂昂地说："我要做个英雄好汉。"

任裕道珍惜时间，一寸光阴一寸金，儿子走在路上这点时间都不随意浪费，他一边赶路，一边带着任弼时复习课文，背诵着经典诗文。他不断提出一些问题，让任弼时回答，如，"'关关雎鸠，在河之洲'出自哪本书？"他还编着试题问，"'俗话说，三岁定八十'这句话怎么理解？"任弼时就嚷嚷道："这是什么问题，不会考这样的内容吧！"任裕道就循循善诱地说："有时就会考一些日常生活中的内容，用来考察学生的应变能力。"

太阳升起来了，天气陡然热了起来。任裕道和任弼时头上罩着斗笠,身上热得淌汗,撩起衣衫不断扇着凉风。 他俩被越来越热的天气弄得没了好心情,不再复习了。 任裕道拿下身上的竹筒,递给任弼时,说:"喏,喝点水解解渴,身上缺水容易中暑。"

任弼时像骆驼一样耐干渴,嘴唇发干也不愿喝水,晃晃头说:"我不想喝水,渴了就会告诉你。"

任裕道不理解地看着儿子,嘟囔说:"这习惯不好,淌汗要多喝水,要不身上会缺水,喝水多排尿多,去掉肚子里的废物。"

任弼时嘴里只是"噢噢"两声,没说一句话。

任裕道摘下竹筒上的盖子,放在嘴上,咕咚咕咚喝了好几口。 他故意用手揩着嘴边水渍,从心里发出一声长长的惬意的"啊",撩着儿子的心,想引他喝水。

任弼时像没有看见,两眼看着前方,只顾走路。

一颗不起眼的沙粒,无意中跳进了任弼时的布鞋里,硌着他的脚底,他每走出一步,都会隐隐发疼。 像在故意考验任弼时,看他能不能吃苦,能吃多大的苦,能承受多大的罪,有着多大的决心和耐力。

任弼时忍着疼,心想,鞋里一点沙粒算得了什么,自己的脚会踩碎它,脚板就不会再疼了。 他没事一样朝前走。 他要让沙粒知道,究竟是它厉害,还是任弼时厉害。

一颗沙粒不"兴风作浪"的话,人不会想起它,更不

五 在父亲身边

会把它放在眼里，可要是作起妖来，折腾着人，让你心生疼痛、烦躁、不安、窝火。

任裕道拉住任弼时，惊慌地问："怎么了，哪里不舒服？"

任弼时指了一下脚，苦得窝着眉心说："鞋里有石子。"

任裕道急忙蹲下来，拿起儿子的脚，似嗔似爱地说："鞋里有沙粒怎么走路。"

任裕道帮儿子脱下鞋子，鞋子圆口朝下倒了倒、拍了拍，倒出沙粒，用手擦了擦儿子的脚板，猛地看见他脚心被沙粒磨得发红，烂了皮，有一点血渍。任裕道心疼了，揪着心说："你傻啊，鞋子里有东西硌脚也不知道拿出来啊。"

任弼时嘴里倔强地说："不要紧，不太疼，能走路的。"

任裕道看着儿子脚底破了，觉得像是自己的脚破了，流血了，身上比儿子还要疼。他哆嗦着嘴唇说："脚都破出了血泡，还说不疼？"

任弼时带着微笑说："是不太疼呢。"

任裕道说："还不疼？歇歇脚再走吧。"

任弼时怕耽误了报考上学的时间，急得心里猴跳，对父亲说："我不歇息，快点走，早到早报名。"

任裕道说:"不要这样心急,时间赶得上,今晚赶到就行了,明天早上报名嘛。"

任弼时不放心地说:"这里离水渡河还远呢,等到了洪山就行了。"

任弼时看过一本书,知道唐家桥流过来的水渡河经过洪山附近,到了洪山,长沙就近了。

任裕道用惊讶的眼神看一下儿子,心里嘀咕,这小子,什么事都知道,水渡河流经洪山也知道。

任弼时伸手朝任裕道要鞋子,急不可耐地说:"把鞋子给我,我要穿上走路。"

任裕道拿儿子没法子,从自己衣衫上撕下一截布,把他硌伤的脚一裹,继续走路。

任弼时走一步,脚上就疼一下,脸上跟着揪一下。任裕道嘴里叽咕说:"还说不疼,这样死撑着走,会越走越疼的。"

任裕道伸出手,要拿过儿子身上的包袱,替他背着。

任弼时头一扭,撇开父亲,不让父亲拿自己肩上的包袱,甩开手朝前走。他踮着受伤的脚,用脚尖走着路,走着、走着,习惯了,不再那样别扭了。

走出高山,前边出现了起伏不平的丘岗山坡,一片树林里,住着几户人家。任弼时走累了,想出一个主意,对任裕道说:"爸,现在是正午时分,最炎热,何必趁着太阳

五 在父亲身边

晒人赶路，不是找罪受吗？不如在这里歇息一下，等凉快一点再走。"

任裕道觉得儿子的想法不错，就说："那就在这里歇歇脚吧。"

在路边不远处的一棵树下，任裕道屁股刚坐下，想到还有三个渡口要经过，纠结说："这样歇息不行呀，还有三条河要路过，迟了就没船了。"

任弼时头脑灵光，想得快，说："那三条河远吗？"

任裕道说："不远，水渡河就在前面，走过洪山，就是捞刀河，再走就是浏阳河，不远就是长沙了。"

任弼时轻松地说："洪山到长沙三十里，我们就到那里歇息嘛。"

任裕道瞪着眼说："你怎么知道，也没来过。"

任弼时说："我在书上看到过。"

任裕道喃喃说："你看的书还真不少。"

任裕道看着闪耀着成长光芒的儿子，感到他对外面的世界了解不少，有些书，儿子看过了，自己竟还没看过。任裕道欣慰之情溢满心间。

眼前有了目标，任弼时增添了信心，疲惫驱除了一大半，迈开的脚步更大、更有力了。

宽阔的水渡河挡住了去路。这河水，从唐家桥弯弯曲曲流过来，水面宽阔平静，清清亮亮，看不到波纹，静得几乎不动。岸边有几棵小树，没有多少叶子，洒在地上的树阴，不大，斑斑驳驳。

河边停靠着一只破旧的小木船，有几个大人小孩躲在树阴下，等待搭船渡河。

任裕道和任弼时到了河边，捧水洗了脸，洗去满脸的热汗、尘土和疲惫，顿觉凉爽不少，轻松惬意。任弼时凝视着水渡河，仿佛回到了唐家桥，置身于家旁的白沙河边。这里的水渡河，那水的颜色、那水的涟漪、那水的味道，和唐家桥的白沙河是一模一样，任弼时看着格外亲切。他心想，水渡河真是厉害，从唐家桥那样遥远的地方，一点一点、弯弯扭扭地流到这里……

到了晌午。

任裕道和任弼时站在树阴下，身上凉快了一点，有了一些精神，这才觉得肚子饿了，又饥又渴。任裕道拿出油炒饭，与任弼时一起，喝着水，大口大口地吞嚼着。任弼时的妈妈为着儿子远行，专门准备了南瓜巴巴，外脆内软，香味扑鼻。妈妈还煮了十多个茶盐鸡蛋。父子俩饿极了，每人吃了三个南瓜巴巴，总算填饱了肚皮。任裕道把手中的茶盐鸡蛋分给任弼时，他躲闪着不肯吃，抹抹嘴唇，摇了摇头说："我吃饱了。"

太阳高挂在头顶上，晒得人头上直冒油。

上船了。一个矮个子老翁撑起长长的竹篙子，激荡

五　在父亲身边

起一波又一波水纹，小船慢慢地漂向河中。任弼时站在船上，仰望蓝天，一群大雁飞过。任裕道坐在任弼时身边，他扯了扯儿子，示意他坐下来，坐着稳当舒服。任弼时不听，觉得自己年轻，双腿有劲，站着舒服，能尽情地看蓝蓝的天，看飞翔的鸟儿，看两岸新鲜的景致。

深邃的天上挂着炽热的太阳，静静地照耀着高山、河流、田野。任弼时盼望天上突然能飘来云彩，遮一下太阳，生一些凉风，给一点阴凉，凉快凉快。

任弼时对着撑船老翁说："爷爷，请问洪山还有多远？"

"还有一段路，大约十里吧。"老翁轻松地撑着船，和气地说，"小孩，上哪去？"

任弼时说："去长沙。"

老头子笑眯眯地说："去走亲戚？"

任裕道坐在几个人中间，接上一句："到长沙报考上学。"

老翁兴奋了，话多了，"我一眼看出来，这个小孩子是念书人，白净、文气，看他脑门多宽，眼睛多大，将来不是做官就是发财。"

船上的人眼睛齐刷刷看着任弼时。任弼时站直身子，觉得浑身上下突然光亮了。

老翁又问："小孩，报考长沙哪个学校呀？"

任弼时神气地说:"湖南省立第一师范附属高等小学。"

老翁笑呵呵地说:"那是有名的学校嘛。"

任弼时没想到摆渡的老人什么都知道,说:"你也知道?"

摆渡老人得意地说:"不要看我是撑船的,去长沙的人,都坐我的船,什么不知道呀?"

任裕道接过话来说:"老人家,人不出言身不贵,你是见多识广啊。"

摆渡老人性情豁达、活泼,爱说爱笑,用长沙方言唱起了歌曲:"月亮粑粑,肚里坐个爹爹,爹爹出来买菜,肚里坐个奶奶,奶奶出来装箱,肚里坐个姑娘,姑娘出来绣花……"

上岸了。任裕道和任弼时觉得没有走多少路,很快到了洪山。

这山,山势突兀,沟壑纵横,关隘重重。从远处眺望,树木青青,郁郁苍苍。

在一块大石头背后的阴凉处,任裕道和任弼时坐下来歇息。任弼时的心情由"多云"转"晴天",兴致盎然,给任裕道讲洪山的来历,说古时候关云长打长沙,到这里安营扎寨。

任裕道借机用古人写考场的诗词激励任弼时:"二

南，你读过不少书，知道不少事，我来考考你。"

任弼时见父亲找自己"打擂台"，眼睛里露出好胜的光，说："行，你说吧？"

任裕道想了想说："你知道有多少写考场的古诗词吗？"

任弼时眼睛一闪，说："这简单，诗多了。"

任裕道说："你能说出多少？"

任弼时稍作思索，说："男儿欲遂平生志，六经勤向窗前读。"

"嗯，是出自宋真宗赵恒的《劝学》。"任裕道一脸认真表情，似乎生怕任弼时理解不够深，解释说，"这诗告诉我们，男人如果想实现生平最大的志向，就要勤快地抱着诗、书、礼、易、乐、春秋这六经在窗前读。"

任弼时又随口背道："寒窗苦读春日暖，得意东风比试闲。 英才齐聚争鳌头，贾生才调更无伦。"

"嗯，不错。"任裕道津津有味地品评说，"说的是平时寒窗苦读，到了考试的时候因为胸有成竹，便觉得自己浑身都是力量，如同乘东风，下笔有闲。 不过，只是后面有点狂了。"

任弼时心头荡漾着春意，用古人的诗句抒发心情："花开不并百花丛，独立疏篱趣未穷。 宁可枝头抱香死，何曾吹落北风中。"

"是宋代郑思肖的,出自……"任裕道有点记不清诗的题目了,用手拍了拍脑门,笑着说,"年龄大了,真没法子,记不清了。"

任弼时格格笑着说:"出自《寒菊》。"

任裕道点头说:"是的,这诗把菊花写得傲风拒霜,独放光华,不俗不媚,托物言志,意趣无穷。"

任弼时一口气背了二十多首写考试的诗,他还想再背下去,任裕道摆着手,笑着说:"好了,不背了,爸爸服你了。"

任弼时愉快地说:"爸,我知道你的意思,就要考试了,你是在激励我,让我不要紧张,心情放松。"

任裕道脸上全是笑容,心里感到无比轻松、愉悦,意味深长地说:"古今都是一样的,只有通过考试,才能证明一个人的才智、能力、道德、胆识。"

任弼时重重地点头说:"我记住了。"

任裕道说:"爸对你放心,祝你一举夺魁。"

任裕道看到儿子心怀大志,相信儿子一定能考上一师附属高等小学。

岳麓山黄昏渐近时,任裕道、任弼时父子俩渡过浏阳河,向长沙北门一步步走近。

五 在父亲身边

六　第一个走出考场

湘江岸边，秀丽的妙高峰下，长沙市南门外书院路上惜阴街转角处，湖南省立第一师范的隔壁就是附属高等小学。湖南省立第一师范学校分三个部分，师范部、附属高小部、国民教育部。国民教育部相当于初小。一排整齐的铁铸栏杆，围着一座新建的灰白色调的西式楼房，高雅的门厅，庄重沉稳；圆形的拱窗，风格独特；建筑清新精巧，校园典雅宁静。

任弼时到了长沙，仔细打量着向往已久的附属高等小学。左看一排排整齐的小树，青翠翠；右看气派的篮球场，宽敞洁净。他看到整个师范学校平房与两层楼房连在一起，房与房之间有的有走廊，有的由亭阁相接，形成四合院落。任弼时想到自己有可能成为这里的一个学生，将要有新的老师、新的同学，每天在里面进进出出，跑来跑去，和同学说说笑笑。他暗下决心，一定好好考试，成为这里的一个学生。

民国初年，初小升高小的上学名额异常紧张，尤其是上名校，挤破了头，学生学习上没有点真本事，还真的进不了高小。

初小升高小，招生要求极严，一律以考试成绩为准，一次招不满就招第二次。都是单独招生，不兴走后门。好多家长托熟人说情，削尖脑袋想把自家小孩塞进来。

入学考试后，面试是躲不过去的，学生备受折磨。考试科目是，国文、算学、常识、测验口问及身体检查。另外还有心理测试。

还有一个事情让不少报考的学生担心，就是初小毕业证书。许多学校的招生简章上明文规定，报考者必须有小学毕业资格。一名考生对任弼时感慨道：没有证件真让人心急，真不明白，既然学校有入学考试，为什么还要证书！有些考生为了取得录取资格，就伪造小学毕业证书，想蒙混过关。有的考生证书上的文字涂改得一塌糊涂。

进考场时，任弼时不紧张，任裕道反倒紧张了，追着儿子，千叮咛，万嘱咐，再三交代说："不要紧张，不要心急，做题前一定要看清题目。"

任弼时向任裕道点点头，算是答应了。

任裕道目送着任弼时走进附属高等小学院子。

六 第一个走出考场

考场上很安静，每个考生连喘气都是小心翼翼的，不敢随意咳嗽。任弼时看到大部分考生来自富裕家庭，小部分是穿着破旧衣服、拖着鼻涕的穷人家孩子。

两个老师发考卷，几页试卷是油印的红格纸，只听见教室里响起一片翻看卷子的沙沙声，犹如桑蚕啃食桑叶发出的响声。

老师站在考生面前，板着脸，宣布考场纪律，反复强调说："考试时间一个半小时，考场内不准大声喧哗，交头接耳，随意走动；考生看清题目，再答试卷，做完了，卷子背面朝上放在桌子上，离开考场；考试结束铃声响了，一律不准答卷，必须离开考场。"

第一场考国文，有道题目是："个人应有什么修养？"任弼时很有兴趣，提起笔来，用小楷毛笔字，竖版格式，从右至左的顺序，规规矩矩，一点一划，顿挫有致地写起来。写不下去时，冥思苦想一会，又豁然开朗，埋头写起来，笔下如风，一气呵成。

他写道："人之生也，莫不贵于洁净。若数十人同居，有不洁净者，唾痰满地，其痰中多微菌飞于空中，吸于肺腑则生疾病，甚至由一人传染多人受之。此不洁故也。若身体、若衣服均宜常洗，地宜常洒扫，则虽聚居亦无疾病。此有益于身也。故人既读书开通知识，宜注意于洁净之道矣。……"

少年任弼时

一个戴近视眼镜的监考老师随意走过来,看了看任弼时卷子上的文字,脸上笑了笑,满意地点了点头。戴近视眼镜的老师看上了任弼时,溜达一阵子,不自觉又转了过来,欣赏他的答题和文采。

任弼时第一个做完卷子,放下来,轻松地走出考场。

第二场考史地、算术理科。任弼时看了一道算学应用试题:"《儿童世界》全年定费才两块四毛钱,求平均每册多少钱。"

他没费多少时间就写了出来。

有一个考生答不出试题,坐在桌子前,一会呆呆地看看监考老师、看看窗外的小树,一会看看旁边的任弼时,眼中露出焦灼、无奈的神色。

考试时间才过去一半,任弼时就答完了试卷,又是第一个起身离开考场。戴近视眼镜的老师追上来,关心说:"考试是大事,这才考了一半时间,你早早离开干什么?应该把考卷上答案再仔细看看,检查一下。"

任弼时十分有把握地说:"老师,谢谢,看了好几遍,不用看了。"

笔试之后,还有面试。

面试都是校长孔昭绶亲自主持。孔校长是长沙浏阳东乡达浒人,是第一师范学校校长和附属高等小学校长。

任弼时听任裕道说过孔校长,是孔子第七十一世孙,

六 第一个走出考场

到日本留过学,很有学问,对学生好,经常写诗,硕士学位,发表过反对袁世凯的檄文,提倡学生自治和自助。任弼时看出来,父亲敬重孔校长。

面试的时候,任弼时心情紧张,在校长室外不时坐下又起来,眼睛看着走来过去的人。他坐在椅子上,不安地想,校长会问什么话呢?他看见在考场看自己试卷的老师,从办公室出来喊考生进去,想上前问一下,鼓了几番勇气,还是没有走近。

有考生走出校长办公室,立即有几个考生围上去,迫不及待地询问:"校长问你什么了?""你是怎么回答的?"考生说:"可能每个人问的不一样。"那些考生失望地晃晃头。

戴近视眼镜的监考老师从校长办公室里走出来,喊道:"任培国进来。"

任弼时想着心事,没有听清楚,愣怔地望着戴近视眼镜的老师。老师见过任弼时,印象深刻,望着人群,又说:"任培国来了吗,轮到你面试了。"

任弼时听到老师喊自己的姓名,一个激灵,马上站起来,响亮地说:"我是任培国。"

老师招招手说:"快来。"

任弼时走进校长办公室,看见办公桌前端坐着一个与自己父亲年龄差不多大的人,浓黑的眉毛下,一双大眼睛睿智有神，额头上和脸上有了深浅不一的皱纹，穿着整洁的青布长衫。

任弼时鞠躬行礼，喊道："校长好。"

戴近视眼镜的老师对孔校长特别介绍说："这是任培国。"

孔校长打量了一下任弼时，问清他是哪里人，多大年纪，笑着说："你的国文成绩考得很好，文章写得切入时弊，饶有新意，文字朴实、生动，希望你再接再厉，做一个好学生。"

任弼时说："我记住了。"

孔校长说："你为什么要来附属高等小学上学呀？"

任弼时充满敬意地说："附属高等小学是个名校，名师能教出好学生，胸有大志，先天下之忧而忧……"

孔校长觉得这个学生有点文化底气，高兴地说："你怎么懂得这些道理？"

任弼时说："读书读来的。"

孔校长试探地说："你们湘阴是个不简单的地方啊。"

任弼时顿时心潮涌动，滔滔不绝地说："我知道，最有名气的是一篇文章《岳阳楼记》，还有一个人是屈原。范仲淹没来过湘阴，但他把高远情致和洞庭湖的宽广与壮美写出来了，情景融为一体，辉映千古；屈原放逐，自投汨罗江，是对故国的失望，是对后人的警示，也是他爱国爱民的结果……"

孔校长惊奇了，没想到任弼时这样聪颖，懂得这么多这样深刻的道理，他过于兴奋，只是说："好，很好，有抱负，好好地努力，按自己想法去实现人生目标。"

跨出孔校长办公室，戴近视眼镜的老师拍着任弼时肩头，说不出有多高兴，叮咛说："回去等待好消息，明天就会张榜公示。"

压在任弼时心里的一块石头终于落地了，他认定自己已经被正式录取了。

任裕道一直在外面等着任弼时，见了他，心急如焚地说："怎么样，孔校长说了什么？"

任弼时笑而不语。

任裕道急着说："你傻笑什么，孔校长说了什么，对你什么印象啊？"

任弼时笑逐颜开，背着孔校长的话："孔校长说，好，很好，有抱负。"

任裕道惊喜地说："真的吗？"

任弼时点下头，把孔校长的话全背了出来："好好地努力，按自己想法去实现人生目标。"

"这下好了。"任裕道喜得像个孩子，咧着嘴，心里全是快乐，激动地对儿子絮絮叨叨说，"听人说，个别有钱人来说情，要求照顾录取，孔校长一概不理，他立下规矩,考前不拆阅外来信件,不会见外来宾客。"

任弼时说:"孔校长真是个好校长,问我话时,笑眯眯的,可亲可近。"

任裕道美滋滋地说:"孔校长是个名师,德容天地。"

任弼时成了附属高等小学的学生了。

任裕道放心地回到了唐家桥。

跨入附属高等小学,是任弼时少年时代的一个转折点,走出了唐家桥,踏进了辽阔无边、多姿多彩的天地。

刚到长沙,任弼时沉浸在兴奋中。家住长沙的同学,说到当地的景点、热闹的地方、什么特色食品最好吃,任弼时都摇头不知道,他们笑话任弼时和几个外地乡下来的同学是老土。任弼时不服气,狠心拿出攒着的钱,喊上三五个外地同学,结伴游玩去。

八角亭、司门口、西红牌楼、药王街一带最繁华,楼房、平房,大大小小,形形色色,街上人来人往。南门口,都是杂货商店;文运街,卖笔的多;浏城桥,卖鞋子的多;大古道巷,古玩文物成堆;坡子街,长沙小吃最齐全,臭干子、百粒丸、油豆腐、芝麻团,应有尽有。

任弼时和同学看着红烧肉、龟羊汤、春燕馄饨、黄春和米粉、杨裕兴汤面,闻着香喷喷的味道,嘴里发馋,苦于囊中羞涩,最后只得掏钱凑份子,吃了最便宜的三分钱一碗猪血汤。

六 第一个走出考场

长沙市区湘江东岸最高的妙高峰下,一个不大的展馆正在举办画展,任弼时和同学们去参观。 展馆里,有一幅国画,淡墨数笔,勾勒出半壁远山,秋水疏林,竹篱茅舍。 任弼时盯着这幅画揣摩、思量,不愿离开。 同学说:"你看得懂画吗?"任弼时说:"我喜欢画画。"同学们用不一样的眼光看着他,惊奇地说:"你还会画画呀。"

任弼时指着面前的画,给同学们讲这幅画怎么的凌虚缥缈,怎样的线条流畅,怎样的明暗对比,怎样的情景交融,诡奇奥妙,出奇制胜,不失为山水画佳作。 任弼时真想买下此画,一打听,要几百元,就是几年不吃不喝也买不起。

晚饭后,任弼时提议同学们到湘江边走走,好好地看看湘江。 他是太想看湘江了,从小就盼望着有一天看湘江,看它到底是什么模样,有多长,有多宽,水是什么颜色。 有个同学不以为然,说湘江有什么好看的,不就是一条河吗? 任弼时说,湘江与河流不一样,湘江终年水流不息,又长又宽,百舸争流。

任弼时和同学们走出校门,来到湘江边,看见不远处就是粤汉铁路的长沙到株洲段,南来北往的火车,拖着长长的白烟,发出"咣噹咣噹"的车轮与铁轨的碰撞声,拉响惊天动地的汽笛,呼啸而过。 再朝前看,便是滔滔湘江,舟楫如梭,白帆点点。 橘子洲头,鱼翔浅底,橙黄橘绿，风景如画。

有时，天快晚时，任弼时和同学们也会爬上妙高峰，远眺长沙城。山顶上有块平地，方方正正，青草平铺，宛若绿毯，坐在上面柔软舒服；清风相伴，西望湘江，烟波浩渺，夕阳西下，红霞满天，渔舟唱晚。令人心驰神往，激情飞扬。

有时暮色弥漫，星斗满天，任弼时一时兴起，独自跑到湘江西岸，走进岳麓书院，攀登岳麓山，歇息爱晚亭。他在幽静的小路上走走、看看、坐坐，想想古往今来很多读书人来到岳麓山的情景。他坐在爱晚亭里的石凳上，借着天上星光，欣赏亭子的重檐八柱，琉璃碧瓦，亭角飞翘，诗词楹联。他在石板小路上缓慢散步，心想，古往今来，不知道有多少读书人从这里走出去，又有多少读书人从别处走进来，他们读过的书摞起来，恐怕能够与岳麓山相比了。

他想到了曾国藩、左宗棠，想到了朱熹、张栻，想到了陶澍、贺长龄、魏源……

星空下，古老的岳麓书院的每一个院落，每一块石碑，每一枚砖瓦，每一支风荷，都闪烁着时光淬炼的光华。任弼时看到了人生的精彩和深邃，想到了大门两旁挂的对联"惟楚有材，于斯为盛"，嘴里连连说了几遍："惟楚有材，于斯为盛。"

六　第一个走出考场

七　在沉默中觉醒

在湖南一师附属高等小学，任弼时活泼泼的，如鱼得水。

与其他学校不同，附属高等小学有学友会，学生能参与学校管理，提建议，发表看法，学校也主动向学生征求意见。课外活动丰富多彩，任弼时踊跃报名参加，到演讲部练习演讲，听讲座，自告奋勇当黑板报编辑，认真写稿子登台演讲，到竞技部、竞球部、拳术部锻炼身体。如果参加比赛拿到名次，就能写进学生简历中。他最喜欢到美术部练习书法画画；他到展览室看了很多名画：《贩卖孩子的商人》《盲女》《穿蓝装的小孩》《吹肥皂泡的少年》，对他提高画画水平很有帮助。他认识了好多同学，结交了不少朋友，大家对他很亲近，很尊重。

任弼时像欢快的小鸟，拍着翅膀，飞翔在校园里。

日子过得比翻书还要快，转眼又是一年。秋天刚过去，冬天就来了。

寒假到了，任弼时带着几本借来的书，步行回家。临要走出校门时，长沙的同学挽留他，纷纷请他到家里小住几天，请他辅导写字画画。同学们陪着他到长沙城区的天心阁、贾太傅宅、曾文正公祠等历史文化名人故地参观。任弼时思乡心切，已经半年没有回家，他想家了，想父亲和母亲，想妹妹，想叔祖父任鼎延，还想着白沙河……他在长沙城里只多待了三天，便返回家乡。

任弼时还有一个大大的心事，怕唐家桥路远偏僻，任鼎延叔祖父还不知道正在发生的一些国家大事。他要告诉他，北洋军阀首领袁世凯窃取辛亥革命成果后复辟帝制，天人怨怒，蔡锷将军率先在云南宣布独立，全国起兵，声讨袁世凯，做了八十三天皇帝的袁世凯土崩瓦解，灰飞烟灭。

任弼时要好好地和叔祖父任鼎延谈论一下国家大事：全国和长沙到底发生了什么？孙中山、黄兴为什么要进行辛亥革命？蔡锷将军为什么要起义反袁？自称湖南护国军总司令的程潜，能不能打败湖南督军汤芗铭的部队？

一个闹哄哄的年代，一个军阀割据的社会，让一个阳光少年惴惴不安，操起了本不应该他操的心。

走进唐家桥，看到自家依山傍水的房顶上，冒起一缕缕乳白色的炊烟。白沙河静静地流淌，在微风中荡起细细的涟漪，弹奏着欢快的乐章。收割后的田里，稻草捆绑成一小团立着，一排排的，像列队的学生接受检阅。枯萎的山茶花，完成了生命的辉煌，在山头上无声无息；树梢上的候鸟，嘁着枯枝，忙忙碌碌地筑巢御寒……

亲爱的家乡，留下了任弼时最深的爱，家乡也用亲情、用舐犊之心，慰藉着一个在兵荒马乱中自立自强的莘莘学子。

回到唐家桥，任弼时本该在家里吃第一顿饭，可他连同父亲任裕道硬是被叔祖父任鼎延拉到家里，三代人坐在一起吃饭。任弼时和任鼎延在一起，有说不完的话。任鼎延对长沙名校回来的优等生，一改常态，处处以礼相待，像接待贵宾一样客气，弄得任弼时坐立不安，顿时脸红耳热，不好意思。

虽然桌上的菜只有几道，但叔祖父是倾其所有，冬笋腊肉、酸甜荞头、香煎腊鱼、韭菜蒸蛋、小炒莲藕、寒菌炖猪骨，加上一壶谷酒，清香四溢。任鼎延与任弼时想到一处了，年前年后，中国和湖南省发生了这样多的大事，让人忧心忡忡。今天相聚一起，讲讲外面的形势，说说各自的看法，尤其是任弼时刚从长沙上学回来，带回来不少新消息，让人很是期待。任鼎延先开口说："袁世凯死了，湖南有人坐不住了。"

任弼时问："谁啊？"

少年任弼时

任鼎延说:"督军汤芗铭,袁世凯的走卒。"

任弼时说:"叔祖父,你在家里,为何消息这样灵通,懂得外面的事真不少啊。"

任鼎延说:"你以为叔祖父身处穷乡僻壤,只会当聋子,不知外面发生什么事吗?"

任弼时说:"我知道叔祖父厉害,入过湘军幕府,跟随过左宗棠闯天下。"

任鼎延被夸了一句,浑身来劲地说:"要是再年轻几岁,我会扛枪打汤芗铭。"他给任弼时碗里夹块腊肉,"不说陈年旧事了,快说说长沙新消息吧。"

任弼时把听到的消息一口气说了出来:"自称湖南护国军总司令的程潜将军,向云南护国军借了一营兵力攻占了靖县,湖南革命党人和工农群众积极响应,纷纷起义。"

任鼎延说:"好啊,还有什么?"

任弼时说:"汤芗铭坐卧不宁,急调矿警守卫长沙,镇压革命者……"

任鼎延说:"汤芗铭是袁世凯的死党,在湖南杀人如麻,血债累累,罄竹难书。"

任弼时说:"我听说了,人称'汤屠户',是长沙城的过街老鼠。"

任鼎延说:"主子一倒台,他这个走卒站不住了。"

七 在沉默中觉醒

……………

爷孙俩饭菜没有吃多少，说话可不少，从中午一直说到下午。在场的任裕道心里很安静，认真听，不说话。

这个寒假是愉快的。任弼时没有忘记复习功课。他整理好家里一学期没住过的房间，临窗摆上一张小书桌，把所学过的课本、书籍码放整齐。每天，他都会帮助上学的妹妹读书认字，带她击球、踢毽子，拉着到河边打水漂玩。

这天上午，任弼时坐在小书桌前读《儒林外史》，看到范进在为母守丧期间，和张静斋去汤知县衙门打秋风。读得正在入神时，村外远处突然响起隆隆的火炮声，他惊吓地抬起头。全家人都听见了，纷纷跑出屋，朝着炮声响起的方向张望，怀着惶恐的心，不安地打听："什么响声，从哪来的？"

任裕道听出来了，猜想着说："是哪家宗祠办大事，在放三眼铳炮。"

"不是的，是大炮声。"任弼时放下手中的书，走出屋，大声说道。他在长沙听过这样的炮声，联想到程潜正在长沙发动"驱汤"运动（驱赶汤芗铭的群众运动），可能是汤芗铭带着败兵逃出长沙，双方交火打仗的大炮声。他对父亲加重语气说："我在长沙听过这样的炮声，和这响声一样，很沉闷，轰隆隆的。"

任裕道不肯相信，跑到村前看看，打听了一下，匆忙赶回来说："是大炮声，'汤屠户'的败兵逃出长沙北门，沿着长平古驿道过来了。"

任鼎延赶到任弼时家里，催促说："振声，带着全家人避一避，听说毛塘一带，全乱了，大人小孩都逃走了，当兵的过来，见东西就打、砸、抢，祸害百姓。"

任裕道看看家里的一切，既舍不得丢下瓶瓶罐罐，又拿不定主意，是走还是不走。

任弼时的妈妈拉着儿女的手，看着任裕道，惊慌地说："怎么办呀？"

任鼎延心里发急，生气地说："都什么时候了，还舍不得家里，是人命要紧，还是家里东西要紧？"

任弼时望着任裕道，小声地说："爸，听叔祖父的呗，古人说，兵连祸深，生灵涂炭，我们赶紧朝山里躲一躲。"

任裕道点下头说："走，收拾一下就走。"

任鼎延摆着手说："快走，来不及拿东西了，听说毛塘那边有逃难人被冷枪打死了，惨不忍睹。"

任鼎延跑着走了。

任裕道慌张起来，拿上家里最贵重的东西，让每个人带着，锁上门，全家人连拖带拽向东北方向的隐珠山跑去。

七 在沉默中觉醒

任弼时背着一个包袱，拿着几本书，跑在人群中。

陡地，唐家桥的天空暗下来，家家都乱了，大人骂小孩哭，鸡飞狗叫，一片末日世界的落败景象。

坐在隐珠山的一个山凹里，任弼时想着，这些当兵的败下阵来，是一副什么样子，他们会抢老百姓的东西吗，会不会撞进我家拿东西？

他眼前浮现出家里门上的锁，心想，当兵的看见门上有锁，兴许不会进屋。

任弼时胆大，想从山凹里出来，摸到村前看看动静。任裕道发现了，一把拽住任弼时，板着脸说："你以为你是谁，那些败下来的兵，输红眼了，惹得起吗？真是不想活了。"

村子离隐珠山有点远，山凹里的人不知道村里会发生什么事。

山凹里的人低着头，担惊受怕，闷闷地不讲话。

任弼时坐在石头上看书，看到父母、妹妹口渴，一声不吭，悄悄离开人群，跑到一个崖壁下，发现一点水，脱下衣服，在水里湿一湿，拿回来，绞下水，给他们解渴。

太阳歪斜到西边了，还是没有人敢进村看一下动静。

有两个大胆的青年人沉不住气，站出来，说要回村里看看当兵的走没走。

任弼时心动地说："我也去看看。"

少年任弼时

任裕道绷着脸说:"不要去,兵要是没走咋办?"

任弼时苦着脸,看看天上,说:"天都快黑了,败兵早跑了。"

任裕道撇了撇嘴:"你难道看见了?"

任弼时说:"肯定走了,不会有事的,爸,让我去呗。"

两个青年有带上任弼时的意思,在任裕道面前帮忙说话:"叔公,让二南去吧,我们带着他,不会有事的。"

任裕道心想,一天都快过去了,当兵的应该离开村里了。他松了口,说:"你们照看好二南。"

在村前,两个青年趴在草丛里,睁大眼睛朝村里张望。

村里是人去屋空,死一般地寂静。

任弼时匍匐在地,朝前爬了爬,拣起一块石头,朝村里的路上,"咚"一声砸去,响声很大,四周没有一点反应。

两个青年人学着任弼时,拣起石头,砸到人家的门上,"哐噹"一声,周围还是没有反应。

当兵的溃逃了。

任弼时边向隐珠山疯跑,边大声地喊:"村里没当兵的了——全都跑啦——"

唐家村人陆陆续续朝家里赶。

七 在沉默中觉醒

任弼时全家人赶到家里，一看，头脑里像响起一声霹雳，天旋地转，觉得太阳无光，天塌地陷。他家遭洗劫了，被抢掠一空，门板不见了，门空洞地敞着，地上丢着砸碎的箱子，衣服、被子和锅碗瓢盆荡然无存，书本被撕碎，丢了一地……

"天哪，让我家老小怎么活呀……"任弼时的妈妈瘫软在地上，呼天抢地，疯了一般失声大哭。妹妹跟着泪如雨下，唔唔地哭。

任裕道垂下头，不住地唉声叹气。

任弼时紧紧地攥住拳头，眼里喷射出愤恨的火焰。少年刚强，没有那些人家遭败兵洗劫后的无奈、沮丧表情！

好几天，任弼时家里死气沉沉的。

这是任弼时记事起家里遭受到的最大不幸！

太阳还是照样升起落下，农民还是日出而作，日落而息；可是，任弼时不再是过去的那个小孩，动荡的年代，在伤痛、压抑、沉默中，他在渐渐觉醒。

八　毛泽东的一个小校友

三年级时，任弼时结识了一个老师，叫萧三。

每到晚间，湖南省立第一师范学校的阅览室里，楼上楼下灯火通明。附属高等小学教室就在师范部的紧邻，离师范部阅览室不远。只要一有空闲，任弼时就钻进去大饱眼福。阅览室里静静的，读书看报的同学来回走动都尽量放慢、放轻脚步，生怕发出响声，干扰了别人。

任弼时坐在一个角落里，头都不抬一下，全神贯注，看着报纸。他喜欢坐在角落里看书读报，干扰少，图个安静。常来阅览室的同学，看到任弼时常坐在这个角落里，时间一长，几乎没有人来坐这个位置，自觉地留给他。任弼时看报纸，主要留心国内和长沙发生的时事。印象很深的有两件事，一件是"老西开"事件。

老西开在天津，法国人为了扩大租界范围，强占老西开地区，公然拘捕中国的警察。天津市民八千多人，举行公民大会，决议罢工罢课罢市，表示抗议。北洋军阀政府屈服于帝国主义，竟然答应老西开由"中法共管"，国人愤慨唾骂。

另一件是爱国名将蔡锷，在日本福冈医院治病，不幸病逝。蔡锷在任弼时的心目中，占有很高的位置，头脑里常常浮现出这个威武的将军，骑着大白马，举着战刀，呐喊着，英勇地冲锋，砍杀敌人。蔡锷病逝，他心里接受不了，激起不小的波澜。

任弼时坐在桌前，泪水挂在脸上，滴湿了报纸。周围的同学看到任弼时哭了，不知怎么回事，蒙了，满脸狐疑盯着他。终于，他们发现任弼时是看到蔡锷病逝的消息，悲伤难过，他们也跟着心情沉重起来，垂下头，泪光闪闪。

任弼时嘴里轻轻地念叨蔡锷《登岳麓》的豪壮诗词："苍苍云树直参天，万水千山拜眼前；环顾中原谁是主？从容骑马上峰巅。"

无意中，萧三看到了这个情景，任弼时流露出的深厚感情，搅得他心里波翻浪涌。

萧三是湖南省立第一师范学校毕业生，毕业后在湘潭附近的"黄氏族学"当老师，又到上海、苏州、无锡等地，学着兴办童子军，向青少年提供生理、心理和精神上的支持，力图培养健全的公民。他刚回来，校长孔昭绶爱惜人才，求贤若渴，把他聘到附属高等小学当老师，教英语、音乐两门课，并办童子军。

阅览室里的气氛有点凝重、压抑，让人心里发冷，喉咙里憋着一股东西，喘气不顺，有些想哭。

萧三走到任弼时身边，抚摸着他的肩膀，轻轻地问："小同学，你叫什么名字？"

任弼时站起来，抹把泪水，哽咽着说："我叫任培国。"

萧三嘴里重复念叨"任培国"三个字，朝着四周的同学说："任培国，嗯，这名字好，培育爱民护国精神啊。"

任弼时眼睛发亮，敬重地看着萧三。

萧三主动介绍说："我是萧三，湘乡人，附属高等小学的老师。"

任弼时喊了一声："萧老师好。"

萧三神情庄重地说："护国战争本来是可以避免的。国家的军人本应该出现在保家卫国，抵抗外敌的战场上，而这些年轻的生命却因为一场复辟帝制丑剧牺牲了，我们只有悲痛是不行的，还要学习蔡锷将军的爱国精神和民族气节，同心同德，保家卫国，抵抗外敌。"

任弼时噙着泪花说："我们国家内忧外患，老西开、郑家屯事件的中国人，受到外国人压迫、欺侮；当权者，丧权辱国，无人抵抗。要抵抗外国侵略，还我公道，唯有

八　毛泽东的一个小校友

军中蔡锷将军这样有血性的爱国军人！今天蔡锷将军不在了，怎么办，我们只有挺身而出，继承将军的遗志，斗争下去。"

萧三攥着的拳头一抡，有力地说："说得太好了，天下兴亡，匹夫有责。我们要励精图治，救国救民……"

一次接触，萧三就成了任弼时亦师亦友的兄弟。

萧三喜欢任弼时的性格，活泼又爱读书，勤奋好学，关心国家大事。任弼时也知道了萧三，既是学长，又是老师，从小勤奋学习，爱好文学，自幼就会写诗，是个才子。

和萧三在一起时，任弼时把打听来的事，嘻嘻哈哈说出来："我知道你有一个国文老师叫周遭，是清末秀才，会写诗。"

萧三惊愕地说："你怎么知道？"

任弼时得意地说："我还知道你写过作文《春》，每一句都嵌了'春'字。周先生看后批道：'桃花流水杳然去，别有天地非人间。'"

萧三惊讶地说："你真神通广大啊，我小时的事你全知道了。"

萧三说："当时，我将所见所感皆写成诗，在东山学校毕业前，集成了一个集子，可惜后来遗失了。"

萧三与任弼时走得更近了，常常称兄道弟。

同学们都喜欢和萧三老师在一起，无拘无束，有说有笑。在他们眼中，萧三不仅是一个老师，更是一个可亲可爱的大哥哥。

萧三教书与别的老师不同，不用考试逼学生，不搞突然袭击，不出怪题，多靠平时成绩。学生轻轻松松地就学会了，考完了。他操办童子军，喊出"为社会服务"的口号，教学生练习生存本领，如目测、游泳、两根火柴点燃一堆火等；教育学生平时做好事，不要忘了曾经帮助过自己的人；知道为社会服务是一种责任，尤其不要看不起、嫌弃穷苦人，要为他们多做好事。

语文教材一个学期共有二十八篇课文，分别叙述了中国自元朝以来的人物和事件，其中包括成吉思汗、元末群雄、明太祖、王守仁、太平天国、英法联军、中法战争、各国强占的军港、康梁变法、八国联军、日俄战争、清廷立宪……萧三看见任弼时记了几本课堂笔记，写的字工整、清晰，密密麻麻的。他记录清廷立宪的一本笔记本上，言简意赅地写下了事实和结果。他在笔记的末尾，用十三个字作了小结："政治仍趋重专制，革命动机遂起。"

任弼时对历史和地理很感兴趣，喜欢读中外名人传记。他捧着地理书，找到萧三问："英国为什么叫大不列颠？""英国为什么又叫英格兰？"萧三喜欢任弼时爱动脑筋、喜欢思考、肯钻研的劲头，他对任弼时肯定地说，这样能记得深，领会得深。萧三回答任弼时提出的问题从来不马虎，有时遇到模棱两可的问题，为着一个细节，查看很多的书。任弼时看到萧三读外国人奥古斯丁写的《忏悔录》，一共十三卷，就想着法子借来读。萧三问他："读得懂吗？"他说："多读两遍就懂了。"他把《忏悔录》十三卷读完了，萧三又说："说说你的读后感。"他说："我感受到的是，人们想要祈求上帝的原谅，就要先认识上帝。"萧三满意地说："没有白读，收获很大。"

微小的光芒，跳跃着，照亮着一个小学生的心房。任弼时一点一滴学习救国自强的道理，初探人生的真谛。

萧三有时会问任弼时："二南，你喜欢我的教育方式吗？"

任弼时讨厌关起门死记硬背的教育，在萧三面前没有顾虑，敞开思想说："这种新气象好，我喜欢，老气横秋地教书、背书，枯燥无味，不好，该抛弃了。"

南方进入雨季，细细的小雨下个不停，淅淅沥沥。

这天，萧三把任弼时喊到办公室，露着喜气说："今晚喊你来，告诉你两件事，很重要。"

任弼时冒着小雨跑来，头上湿漉漉的，笑着问："萧老师，有什么事交代吧。"

"是好事情。"萧三拿过毛巾，让任弼时擦着头上和脸上的雨水，随后，从抽屉里拿出一只纯黑色的木头墨盒，微笑说，"告诉你第一件事，送你这个墨盒，留作纪念。"

任弼时接住长方形墨盒，打开盖子，看了看，见墨盒盖上刻有"赠二南贤弟"五个字，急忙给萧三鞠躬，不安地说："谢谢萧老师，你称我贤弟……"

萧三脸上带着笑，摇摇手说："这没有什么不妥，平常都是称兄道弟的嘛。"

任弼时说："平时放肆是开玩笑，现在……"

萧三说："现在又怎么样，不要太介意称呼，只是一个符号而已，我们能走到一起，思想相似，谈得来，就要不拘年龄、辈分之差。古代的忘年交多了，如东汉的孔融，年近四十和十五岁的祢衡做忘年交，以兄弟相称呢。"

任弼时还是不太自然，脸上发红，用手指搓揉着墨盒上的字。

萧三拿过一把油纸伞，对任弼时笑着说："告诉你第二件事，今晚带你去认识一个人，这可是一个了不起的人物，有经天纬地之才。"

"谁啊，现在就去见吗？"任弼时显得好奇、急切。

萧三说："现在就去见，约好了，他是一师学生，校学友会总务，叫毛泽东，是我的老乡，我们在湘乡小学就是同学了。"

八 毛泽东的一个小校友

听说见毛泽东，任弼时激动了，紧张了。

萧三说："你不要紧张，毛泽东和蔼可亲，平易近人，和我们普通人一样。"

两个人撑着一把伞，听着伞上沙沙的细雨声，跨过小学院墙上的小门，踏进师范学校，向毛泽东的校学友会办公室大步走去。

一间简陋的办公室里，摆放着一张办公桌，三把椅子，一个小书架，一个洗脸架，一只水桶，床上挂着灰色的夏布蚊帐。毛泽东听到脚步声，早早站起身，迎接着萧三和任弼时。毛泽东叫着萧三的别名，满面春风说："植藩，你把一场春雨都带来喽，润物细无声啊。"

萧三把任弼时介绍给了毛泽东。

任弼时兴奋地望着毛泽东，高高的个子，浓密的黑发，穿着青布长衫，清秀洒脱，一双大眼睛，睿智明亮。他给毛泽东鞠躬，恭敬地说："会长好。"

毛泽东笑呵呵地说："不是会长，是总务。你是好读书的任培国吧？好啊，我们在一个学校里，一个锅里吃饭喽，今后不要叫我会长，叫作老同学好不好啊？"

毛泽东这样随和，没有一点架子，令任弼时感到格外亲切。他心情放松，不再紧张了。

办公室里不时响起毛泽东和萧三朗朗的笑声。

雨中的树叶，淋着雨水，颤颤悠悠，灯光照着，绿得发亮，绿得如油，绿得耀眼。这绿色，流进了任弼时的心里。

毛泽东走进了任弼时的心里。

任弼时开始知道毛泽东了，他不仅是自己的校学友会总务，还是有名的学生领袖。他是湘潭韶山人，在湖南省立第一师范学校上学，读的课外书籍超过一千本，一本十万字的《伦理学原理》，在书上批注就有一万两千多字；他常拿着书到离学校不远的南门口处，站在嘈杂喧闹的大街边看书，培养专心的能力；学校举办"人物互选"活动，他在全校三十四名当选者中名列榜首，他当选的项目包括"敦品""自治""胆识""文学""才具""言语"六项。其中"言语"和"敦品"两项票数第一，"胆识"项得票为他所独有。

"真不简单，读了这样多的书。"任弼时觉得毛泽东读的书摞得比山还要高，又佩服又崇敬。

毛泽东的出现，让任弼时仿佛登上一座山峰，看到早晨第一缕霞光；如同清晨一阵清风扑面而来，让人醒神开窍。他觉得世界变了，生活变了，每天呼吸的空气都不一样，生活更富有朝气，更有了新鲜的意义。

一天晚上，任弼时在阅览室里，翻开中国地图，但见从南到北，到处有被帝国主义列强割占的领土，触目惊心。他内心悲愤、无奈、哀伤，忘记了在阅览室里，忘记

八　毛泽东的一个小校友

了周围的同学，任泪水漫流，模糊了眼睛。他发泄着内心的哀怨、气愤、郁闷、不满，从书包里拿出纸笔，埋头写起文章。

"夫吾一国之中，寸土尺地，皆我祖宗披荆斩棘，沐雨栉风，以积德而累功，以保世而滋大，不知若何艰难也。而今，每任强国鲸吞鼓颐，蚕食张吻，掠我土毛，腥我天地，金瓯之国家，遂成破碎之山河。……呜呼！我辈对之，当如烈火之烧心，众镝之丛体，芒刺之负背。……"

此景此情，萧三看见了，感受到了任弼时的痛苦；感情的潮水猛烈冲撞着他的心扉，眼中闪烁着泪光。

是呵，面对国家深重的灾难，作为一个中国人，谁不沉重，谁能无动于衷，谁不心肺俱裂、肝肠寸断？

萧三走过来，看了任弼时的文章，神情肃穆，拉着他的手说："培国，跟我走，到我办公室里说话。"

虽小却温暖的办公室里，萧三让任弼时坐下来，喝了一杯温开水，让他心胸里吁出一口闷气。

萧三从抽屉里拿出一封信，递到任弼时手中，说："这是毛泽东两年前写给我的信，你看看，会明白很多事情。"

任弼时展开信，急忙看着，信中写道："……日人诚我国劲敌！感以纵横万里而屈于三岛；民数号四万万而对此三千万者为之奴,满蒙去而北边动,胡马骎骎入中原,况山东已失,开济之路已为攫去,则入河南矣。 二十年内,非一战不足以图存。 而国人犹沉酣未觉,注意东事少。 愚意吾侪无他事可做,欲完自身以保子孙,只有磨砺以待日本。 ……"

任弼时看见信的末尾日期是,一九一六年。

昏黄的灯光下,萧三的脸庞变成了古铜色,语气缓慢、低沉地说:"中国的出路在何方? 方向在哪里? 毛泽东把当下的国情看得很清楚,认为中国正在遭受日本帝国主义步步深入的侵略,但国人还没有清醒认识到中国面临的巨大危机。 中国只有进行彻底的变革,从根本上推翻封建地主剥削和帝国主义压迫。"

在忧伤中,任弼时仰望到遥远的天空有一颗闪亮的星星,穿越了亿万光年,向着大地、向着自己飞奔而来。 他擦掉泪水,感情厚重,带着希望说:"他在决心为全中国痛苦的人民,贡献自己的全部力量。"

萧三情绪高亢,脸色越发地绯红、光彩,他充满豪情地说:"我背一首毛泽东在东山小学时写的诗。"他咳嗽两声,清一下喉咙,响亮地背着,"独坐池塘如虎踞,绿荫树下养精神。 春来我不先开口,哪个虫儿敢作声。"

任弼时被这首诗的气势冲击着心扉,情不自禁"啊"了一声,想不到少年毛泽东写出如此大气横溢的诗,心忧

八 毛泽东的一个小校友

天下，立志报国。

萧三说："毛泽东写出这样大气的好诗，诗言志，他是决心改革中国与世界。"

任弼时的心猛烈地跳动着，升腾起一股刚强的信念。

九　懂事的小姑娘

毕业的时候，任弼时才觉得时间过得太快，在附属高等小学念书三年，像是转眼间的事情。

任弼时又考了长沙私立明德中学，上了初中，有人恭喜任弼时成了知识分子。

明德中学是有名的好学校，人称"北有南开，南有明德"。学校收费很高，每学期需要不少银洋，穷人上不起，学生大都是富家子弟或名流后代，冬季穿呢制服，夏季穿自制服，平时都穿皮鞋，有的学生在校外租住民宅，带有厨师。

任弼时是勉强上的明德中学。

任弼时家里本来就人口多，田地少，入不敷出，小妹妹培辰出生了，全家十多口人，全仗任裕道一个人的薪水和少量田租过日子。家里遭遇兵祸洗劫后，生活更加拮据。妈妈拼命地做鞋、纺纱和种菜，靠手工挣钱补贴家用，还是捉襟见肘，日子过得非常艰难，拿不出多少钱给任弼时交学杂费、伙食费。

任弼时没办法，在明德中学上了半年学，转到了湖南第一联合县立中学，后来改叫公立长郡中学上学。这个学校学费比较便宜，它是长沙郡所属十二县联合创办的中学，学生有一千多人。在校学生由各县按名额拨给经费，每个学生只负担三分之一的费用，每年缴学费十二元。

学校开课前，任弼时临时回家处理一点事。他见到了一个姑娘，叫陈琮英，小名仪芳。

陈琮英在长沙北门外西园小袜厂，十二岁就进厂做童工，她比任弼时大两岁，母亲早逝，父亲长年在外谋生，哥哥在铁路上干活。任裕道与原配夫人陈氏感情很好，不幸陈氏婚后一年就病逝。陈氏弟弟的女儿陈琮英从小没有母亲，父亲不常在家里，是嫂子拉扯大的，比同龄的孩子少了一些父母的疼爱。任裕道有心把她介绍给任弼时做"娃娃亲"，陈氏的弟弟听后直乐，二话不说，将婚姻大事定了下来。

陈琮英是十二岁那年和任弼时结的"娃娃亲"。她长得端庄娴雅，性情温和，一双又大又亮的眼睛，水灵灵的，像会说话似的，梳着齐肩短发，一笑两颊就旋出两个甜甜的酒窝。

陈琮英平时住在小袜厂里，逢年过节，经常住任弼时家里。她朴实厚道，对待大人小孩有礼貌，手脚勤快，忙里忙外。任裕道和任弼时的妈妈十分喜爱陈琮英，像对亲生女儿一样待她。

陈琮英看到任弼时总是微笑，每次见到他都觉得有新变化，温文尔雅，彬彬有礼，更像一个读书人，心里好喜欢，好羡慕。

陈琮英相约任弼时来到屋场旁边的樟树下，低声说："你什么时候回长沙？"

任弼时说："学校马上开课了，打算明早走。"

陈琮英说："我想和你一起走。"

任弼时喜悦地说："那好啊，到长沙我带你爬妙高峰，到八角亭吃面，到潮街吃粉。"

陈琮英笑了笑说："那不行，我要赶紧去做工。"

任弼时笑着说："占不了多少时间。"

陈琮英说："我已经向老板请假三天了。"

任弼时脸上收住笑，追问："你干的活累不累？"

陈琮英摇摇头说："不累。"

任弼时放下一点心说："我还以为织袜子很累人呢。"

陈琮英眼里给了他一个笑意，说："干惯了。"

任弼时问："你打算怎么回长沙？"

陈琮英说："你怎么回去，我就怎么回去，只要能一

九 懂事的小姑娘

起走就行。"

任弼时说:"我走旱路,你能行吗?"

陈琮英振奋精神说:"我能走旱路。"

任弼时说:"我们就走旱路,锻炼一下,省了钱,路上还能说说话。"

"行。"陈琮英注意着任弼时的眼睛,像要看到她心里想什么。

任弼时眼睛亮亮地说:"你在长沙,常出去玩吗? 长沙是个大城市,地方很大,不是我们唐家桥,村头能看到村尾。"

陈琮英说:"我每天上班,哪有时间出去玩。"

任弼时像长大了不少,用大哥一般关怀的语气说:"有时间的话,我带你出去玩,你一个人不要乱跑,丢了找不到。"

陈琮英乐意地"嗯"了一声。

任弼时说:"遇到什么事告诉我,我来帮助你,我有很多同学,你见了就会知道,他们都会帮助你。"

"知道。"陈琮英觉得任弼时一天天在长大,想到关心、体贴自己了,心里荡起一股暖流。 她是个好强的小姑娘,对困难似乎早早有了准备,要强地说:"来长沙这些年,我知道怎样做事了。"

任弼时说:"你是女孩子。"

陈琮英说:"我都十七岁了,比你大两岁呢,是个大人。"

任弼时说:"那也要小心。"

陈琮英说:"你到长郡中学上学,我有时间去看你。"

任弼时说:"上初中课太多……"

陈琮英莞尔一笑,故作淡然地说:"我知道,只是说说。"

任弼时说:"到时候,我会找你的。"

陈琮英说:"嗯,有脏衣服拿过来,我来洗。"

任弼时说:"仪芳,你心眼真好,与别的女孩子不一样,善解人意。"

陈琮英说:"乡下女孩只能吃苦、干活、做家务。"

任弼时想到陈琮英没有机会进学校,有心帮助她说:"仪芳,有时间的话,我来教你认字,好不好?"

陈琮英说:"小袜厂做工没有时间。"

任弼时不松口:"时间是挤出来的,只要你肯学习就行。"

陈琮英有一点激动地说:"那好,我跟着你认字,其实,我早就想念书,可惜是个女孩子。"

任弼时说:"女孩子怕什么,我来教你。"

陈琮英眼睛珠子滴溜滴溜转动了两下,闪着生动的光彩,一扬头发说:"以后再教我认字吧,不能耽误你上

九 懂事的小姑娘

学……"

小袜厂是一家手工业工场,雇有十多个织工和染工。每逢星期天或节假日,任弼时就去看望陈琮英。陈琮英看到他来,脸上都是笑,总是想办法弄一点好吃的饭菜给任弼时。

陈琮英的师傅认识了任弼时,亲热地说:"培国,仪芳把好吃的都留给你了,今后可要对她好好的,不能让她受罪啊。"

任弼时听着,不讲话,抿着嘴笑。

陈琮英坐在旁边看着任弼时吃饭,他吃得多、吃得香喷喷,她便高兴。陈琮英见任弼时身上换了衣服,就问:"脱下的脏衣服怎么没拿来?"

任弼时像个大男子汉一样,铮铮有声地说:"同学们都是自己动手洗衣服,我怎能让你洗。"

陈琮英看着他问:"怎么了?"

任弼时激动地说:"我自己有一双手,是用来劳动的,不劳动要手有何用处,劳动会锻炼人,塑造人的品质和品德。"

任弼时激情满怀,这激情推动陈琮英朝前走。陈琮英眼里的任弼时更有风采了,觉得他做事说话,都与别人不一样。他像是一盏闪亮的灯,点亮了陈琮英的心,使她看到了快乐，没有了忧愁，找到了自信。

快乐背后总是摆脱不了忧愁。

任弼时的学费成了家里最大的负担，这事没有瞒过陈琮英的眼睛。她看到任弼时开学时，妈妈只是交给他一吊钱，就是一千个小铜钱，任弼时知道钱不够交学费，不吭声，噘着嘴，把苦涩装在肚子里。

陈琮英看到任弼时的妈妈强忍着辛酸，心里不是滋味，暗暗地想，任培国的妈妈怎能不知道，一个学期的书本费、学杂费用，远远不是一千个铜钱所能够支付的，但她是实在没有办法给儿子筹集更多的钱了。

上学，是穷人生命中的一盏灯。

陈琮英把在小袜厂每月挣来的一点工钱，省吃俭用，一个一个铜板积攒起来，交到任弼时手里，低声说："我攒下的钱，拿去交学费、贴补家用。"

任弼时爱面子，不愿拿这钱，扯谎说："我不缺钱，家里刚带来钱。"

陈琮英直截了当地说："不要活受罪了，我知道你没钱，快拿着，上学要紧。"

任弼时说："你家里也缺钱……"

陈琮英说："你上学是大事，今后需要钱，尽管告诉我。"

九 懂事的小姑娘

任弼时被陈琮英的真情打动了，拿着钱，眼角湿了，泪水流到嘴里，是甜丝丝的。

他对陈琮英说了一句大实话："上学几年，我最大的收获，就是晓得怎样省钱。"

陈琮英眼里满是温暖的光芒，说："二南，无论遇到什么，我都会帮你，尽我最大努力。"

生活在爱之中，陈琮英经常加班加点工作，上班时，不敢做错一点小事，怕被扣工资、被辞退，她只想着能给任弼时多挣点钱交学费，还想能给他添置一件好一点的衣服。

十　用微弱的声音呼喊

"大海"的波涛一个接一个扑向任弼时。

任弼时被编入长郡中学 25 班，穿着统一的校服，青布制服，打绑腿，衣服上用白色丝线绣"长郡"两字。 任弼时的作文受到国文老师汪根甲的高度评价，但一部分老旧老师却打压他的作文。

任弼时对汪根甲印象好，汪老师说话不紧不慢，脸上带着笑容，和和气气，不用戒尺打学生。 他学识渊博，国文讲得精彩，古代神话在他嘴里变得有了新意，伏羲女娲把同学带进了远古秘境。 他讲解白话文，举的每一个事例都是发生不久的事，新鲜、生动、活泼。 他讲课每到紧要之处，下课铃声响了，他低下声调，收住话题，用歉意的语气说一句："欲知后事如何，且听下回分解。"

任弼时听说，汪根甲岁数虽然大点，可并不守旧，很开明。 前几年长沙城里刮起"剪辫子"风潮，不少戴着瓜皮帽，藏着小辫子的老师，哭着喊着请求留下小辫子。汪根甲拿着剪刀，带头剪掉小辫子。

汪根甲传道授业，风骨卓然。长郡中学不少"戴着瓜皮帽，藏着小辫子"的老师，在国文教育上，与汪根甲想不到一处，不同道，时而发生舌战。

长郡中学内教育空气十分活跃，提倡新道德，重视国文教学，作文偏重文言文。在提倡白话文方面，校长彭国钧是不说好话、不说坏话，一副保留看法的态度。国文老师对学生白话文作文打分分成两派，站在汪根甲新派这一边的老师说，学生读白话文好，让学生"说真话""发表真正思想"；"戴瓜皮帽"的旧派老师则刻板守旧，张口闭口"文以载道"。老师之间闹别扭，面上和气，心里生怨，有时争争吵吵，弄得双方灰头土脸，校长劝不住，只能在中间笑着"和稀泥"。

任弼时用一手清秀的小楷写作文，白话文中带着现实内容，时代气息扑面而来，汪根甲赏识他，把他名字挂在嘴上，到处都说他作文写得鲜活，开了长郡中学写文章的新风气。

有一次，"戴瓜皮帽"老师出了命题作文"不念旧恶"，这来源于《论语》，传统的解释是提倡无原则迁就的处世态度。任弼时用白话文写作文，敞开思路，直抵人心，说出一番新想法。汪根甲捧着任弼时的作文，当着一群老师的面,连连夸赞说:"磅礴若江之大潮,不拘一格,出手不凡。"他把作文拿到同学们面前宣讲:"看看任培国的作文,立论新颖独特,层层剥茧,入木三分,有说服力,你们多向他学习、请教,可模仿⋯⋯"

"戴瓜皮帽"老师对任弼时的作文看不入眼,横挑鼻子竖挑眼,尖酸刻薄地说:"笔太平沓,未能紧逼题义。"又说,"虽然言之有物,惜未处处合拍。"

"戴瓜皮帽"老师背着汪根甲说,任培国本来国文有些功底,可惜被汪根甲误导了,贻害不浅。

任弼时找到汪根甲,愤愤不平地说:"老师,他们是故意损毁你,我找他们论理去。"

汪根甲不倚老卖老,他见得多了,不以为怪,一笑置之:"不要为区区几句话而心烦意乱,胸怀广大点,不要计较。培国,你年龄小,老师跟你说句话,要记住,自己认为是对的东西,要敢于坚持,不要改变,白话文应时代呼声而生,终究是一条大道。"

任弼时发誓说:"我不会改变,我要把白话文写下去,有句话说,看日出必须守到天明,我就做守到天明的人。"

任弼时血气方刚,与"戴瓜皮帽"老师唱起对台戏,他用同样内容写了两篇作文,一篇白话文,一篇文言文,拿出来让老师们看,他不仅白话文写得好,文言文也写得

十 用微弱的声音呼喊

出类拔萃。

任弼时在"河"里扔了一块小石子,听到了"噗哧"响声,激起了浪花。几个班级的同学都传看着任弼时的作文,大家没想到他笔下生花,字字珠玑,文言文也写得这样出彩。

"戴瓜皮帽"的老师看到这两篇作文,有的啧啧称奇,说任弼时有八斗之才、夺锦之才;有的则不改脾气,看不惯,说:"任培国有点狂了。"

25班有个同学,叫萧劲光,跟任弼时住同一个宿舍。

他和任弼时亲密无间,不分你我。

萧劲光长得瘦,身子却结实,他见有的老师不待见任弼时,就拽着任弼时肩膀,体贴地说:"他说他的自在话,你写你的好文章,怕什么,任尔东西南北风。"

任弼时昂着头,意气风发地说:"是的,不怕,法国的拿破仑说过一句话,'我成功因为我志在成功',我坚定走自己的路。"

在宿舍里,任弼时拿出作文《言志》,递给萧劲光,谦虚地说:"刚写的,请你帮助看看怎样?"

萧劲光拿起作文,安静地看起来,不觉就心情振奋了,读出了声音:"谚云,世界无难事,只畏有心人。有心之人,即立志之坚也,志坚则不畏事之不成。……"

任弼时问:"写得怎么样?"

萧劲光发出几声兴奋的笑,说:"不是夸赞你,写得确实好,有点人生启示录的味道,你真是一个'立志之坚'的'有心人'。"

萧劲光是穷苦人家的孩子,家在湘江东岸岳麓山下赵洲港的坡地上,租了一块社地,盖起五间砖木茅草房,背靠天马山,面朝橘子洲。他有三个哥哥两个姐姐,靠在湘江里捕鱼和摆渡为生。两岁时,父亲去世,母亲带着兄妹六人,相依为命。他上学的每学期学费,用母亲唯一的一枚戒指当掉交付,全家再省吃俭用,集资赎当,反反复复,维持学业。

萧劲光时年十六岁,比任弼时大一岁,是兄妹六个里唯一上学的孩子,读书十分用功,诨号"书憨子"。

穷人的孩子意气相投,任弼时和萧劲光感情好得简直能合穿一条裤子,吃在一起,住在一起,学在一起,玩在一起,形影不离。

在两个中学生说着"立志之坚"的激励话语时,北京爆发了史无前例的"五四"反帝爱国运动,如同一场汹涌的大潮,以摧枯拉朽之势,冲过辽阔的平原,冲过长江,冲过湘江,冲过长沙,冲过汨罗江边的唐家桥。

全国各地都掀起了反帝爱国运动。

五月七日,长沙各个学校举行国耻大游行。

有名的"火炉"长沙,五月初早早进了"三伏"一样的天气，太阳火辣辣地烤着全城，整个古城长沙像装在一座蒸笼里，热烘烘的，湿热难耐。

在长郡中学老师和学生的游行队伍中，任弼时和萧劲光走在一起，他俩浑身是劲，脚步走得又轻又快，举着红绿色的小纸旗，不时喊着口号。响亮、愤怒的口号声，惊吓了"洞庭湖的麻雀"，在长沙城的树上和街上四处乱飞。

一面面小彩旗，千万个喉咙里发出的吼声，震撼着、感动着任弼时。是呵，热爱祖国的中国人深深地知道，没有祖国，哪有家园，哪有自己！祖国是母亲，她的儿女不能失去她，不能当流浪的孤儿！

任弼时振臂高声呼喊："誓死力争，还我青岛！""废除二十一条！""宁为玉碎，勿为瓦全！"

任弼时喊得嘴唇干裂了，嗓子哑了，还在呼喊："外争主权，内除国贼！"

绕过一条街又一条街，行人、小贩在街边围观游行队伍。任弼时身上的汗水止不住地朝下淌，身上没劲了，腿上发软了，脚下酸疼了，坚持着跟上队伍。任弼时热得受不了，脱下身上衣服，系在腰上，汗水还是朝外冒。有的小贩给任弼时递茶水，攥着拳头，加油说："长郡学生好样的，我支持你们，国贼一日不除，中国一日不宁。"

任弼时看到一个年纪大的老师，累得嘴里吐血，擦了擦，继续在走，挥着小纸旗，呼喊口号。让任弼时最感动的是，一些人力车工人，把做工的血汗钱拿出来，给任弼时、萧劲光他们买烤红薯和茴饼。

有的产业工人、泥木工匠自发加入游行队伍，任弼时打心眼里高兴，兴奋地说："欢迎你们加入，我们游行队伍越来越长了。"有一个监督游行队伍的警察，对游行的人怀着愧疚地说："你们尽管游行、喊口号，你们是爱国的，我们接了命令，没有法子不上街呀！"

游行的人越来越多，任弼时内心涌上来一股股豪迈感，情绪高涨，身上迸发出力量，虽然嗓子眼里干燥发火，但也顾不得了。他忘了疼痛，全力呼喊，表达中国人的心声！

五月的长沙，到处燃着愤怒的火焰。

任弼时每天都在奔跑，和同学们三五成群走出学校，提篮上街叫卖国货。他看到有人要买日本货，跑上前，拦住，声色俱厉地说："你是中国人，不要买日本货，他们霸占我们山东领土，欺侮中国人。中国人支持中国人，不买日本货，做有尊严的中国人，不当亡国奴！"周围人听了，热烈地鼓掌，高声喊道："中学生都这样爱国，我们大人更要爱国，支持学生们！"

在轰轰烈烈的学生运动中，任弼时和同学们一块上街

十　用微弱的声音呼喊

头、广场，演出反帝斗争的活报剧。他显示出艺术才能，常常即兴创作。任弼时演中国老百姓，萧劲光演洋鬼子，把反面人物漫画化，演得活灵活现。他们的表演，像一把火焰，烧起了群众爱国的热情。

长沙的学校纷纷罢课，组织学生联合会，四处组建起"救国十人团"。人人起早贪黑地忙，没有说累和饿，没有怕什么困难，大家赴汤蹈火，冲锋陷阵，浑身精神，推动着革命的洪流滚滚向前。

一次，在群众集会上，萧劲光听到"帝国主义二十一条"，顿时热血沸腾，再也忍受不下去了，大叫一声："岂有此理！"一个重拳打到墙上，鲜血顺着紧握的拳头汩汩流下，眼中浸满泪水。任弼时要替萧劲光包扎受伤的手，萧劲光还不愿意。

长郡中学有个叫彭超的学生，面对国难深重的情景，失声哭道："国亡矣，可若何？"他切断手指，写下血书："立志不愿看到国破家亡。"

他又写了五份遗书，分别给老师、同学、家人。每份遗书末尾都以"之乎也者矣焉哉"结束！

傍晚时，四顾无人，彭超抱起大石块跳进湘江自尽！他要用生命唤醒昏庸的政府，激发民众的爱国热情。

在遗书中，彭超让亲友注意：一、勿购买日货；二、勿忘五月七日的国耻；……他还写道，"平生立志不为亡国民"，与其"坐视以待国亡，不如舍生以报国恨，不忍生为亡国民，宁愿死为亡国鬼"。

长沙人愤怒了，咆哮了，人群如同湘江之水，滚滚滔滔，涌到街上。

十五岁的任弼时看见这一幕，激情燃烧，血脉偾张，思想的闪电击中了他，他要探索、寻求救国救民的真理……

十一　烈火烧到唐家桥

湖南督军张敬尧怕群众运动"野火"烧大，下令所有学校提前放假，学生限期离校。

长郡中学校园内，驻满了军队。湖南省学联号召各校学生回家乡宣传。

长郡中学学生按原籍组成十二个讲演团，回各县宣传演出，讲北京、天津军阀政府高压政策，商人罢市；讲上海的一位热心商人杨瑞葆，带着店里员工，在国内最早组织救国十人团；讲长沙中学生彭超，抵制日货，投江而死；号召国民买国货，不买日货。

任弼时担任了湘阴籍宣传团团长。同学们在额头上缠着一条红的白的布条，上面写着"除国贼，保中华"等标语，穿的衣服背后写着"不做亡国奴""反对二十一条"等等。

宣传团途中来到湘江边，云水苍茫，江天辽阔，烈风呼呼响。任弼时用低沉的声音宣读彭超的遗书。江风吹拂着同学们滚烫的心胸,听着风声,他们觉得彭超在说话,在呐喊,让他们冲破樊笼,为国为民去不懈奋斗!

江水澄碧,苍苍茫茫,滔滔远去。任弼时想起了屈原,想起两千多年前投江的那个三闾大夫,他与彭超的死是多么地相似,用一己的性命,唤醒民众。他轻声背道:"路漫漫其修远兮,吾将上下而求索。"

为民族则死,是有爱的人,有大爱的人!

江水是生命之流。任弼时忘记了自己的存在,心里只有奔流的江水。他想到了一些人,如国务总理段祺瑞,驻日本公使章宗祥、陆宗舆,交通总长曹汝霖,出卖国家领土和主权,激起全国人民的愤怒,是多么地可悲可叹。他摇摇头,心想,在时间的长河中,他们只是小小的蚂蚁,甚至于比不上蚂蚁,注定会被钉到人类历史的耻辱柱上,人生最可悲的莫过于此。

江风掀起任弼时的一头黑发,他站在同学们面前,像一块刚毅的巨石,紧绷着脸,一字一句地说:"彭君以死明志,爱国之心可敬,报国之法可叹!国难深重,道路艰难,正是我们联合民众力量,奋起斗争的时候,任重道远。"

宣传团一路走,一路搞宣传,在塾塘庙、桃花洞、天华寺、白鹤洞、闾塘庙演出文明戏,任弼时写传单、编剧本、画漫画，讲、演、唱，样样都干。他从学校走向社会，从城市走向农村，从指点江山、抨击时弊，进而投身到动员群众、组织群众的实际斗争中去。

回到唐家桥，任弼时的堂叔任理卿参加清华庚款留学考试，接到录取通知后，便回老家看望父母，任弼时和他巧遇了。

任理卿拉着任弼时的手说："二南，几天不见，长得都变样了。"

任弼时满脸喜色，喊道："叔公[①]。"

任弼时几乎不认识任理卿了，他正值韶华，从大城市上海回来，留着洋气的发型，穿着一套四兜的中山装，笔挺滑亮，神采奕奕。

站在路上，叔侄俩亲热地畅叙起来。任理卿见任弼时已是中学生，担任长郡中学湘阴籍宣传团团长回乡宣传，口才很好，谈起五四运动，像白沙河潺潺流水，没完没了，一字不顿地讲着道理，见地不俗。任理卿觉得任弼时不再像是一个普通的中学生，是一个与众不同的"人物"了，不由对他另眼相看。他拉任弼时进家里，觉得他有想法，能和自己在一起聊一聊、说说话。

在家里坐下，任理卿从衣兜里掏出一支钢笔，赠给任

---

① 叔公，是当地对叔父的尊称。叔祖父则称呼"叔爷爷"。

弼时，笑着说："上海最珍贵的钢笔，外国进口的，升华牌的。"

任弼时在学校见过钢笔，觉得可想而不可求，没想到叔公能赠送这样珍贵的礼物。他摸着钢笔说："这样好的钢笔，我用了怕是可惜了。"

任理卿大气地说："我与你交谈了几句话，看出你现在进步不小，叔公很高兴，喜欢有上进心的人，希望你用这支笔好好地学习，将来有出息。"

任理卿是个爱国人士，也善谈，知道五四运动前前后后发生的事情，甚至比任弼时知道的还要多、还要细。他说，北京大学生翻墙头跳到章宗祥家里，把他按倒在地，拳打脚踢一顿，章宗祥抱着头在地上打滚，连声喊："不能打人，我是政府的人。"任弼时听得热血沸腾，摩拳擦掌，恨不能当时在场也上去踢章宗祥两脚。任理卿又说，上海张静庐，代表上海救国十人团，到北京新华门找段祺瑞政府请愿，被抓起来，绑上绳子，押到天桥鹞儿胡同侦察队，在牢里关了四十八天。任弼时听了气炸肺，骂道："完全是流氓政府。"

任理卿谈爱国，说学生上街游行反袁世凯政府与日本签订的"二十一条"不平等条约，吓坏了段祺瑞政府。任理卿说了一套救国想法，任弼时听着新鲜，长了见识，觉得有道理，不停地点头说："是这样。"任理卿学的是纺织，对纺织工业有追求，对任弼时讲用纺织工业救国的想法，心里焦躁地说："中国白银大量外流，是什么原因？重要的原因之一，是每年大量进口钢铁和棉纱。"

任弼时静静地听着，眼睛看着任理卿的脸，好像那里堆放着钢铁和棉纱。

谈到兴奋处，任理卿站起身，眼睛闪亮，声音如洪钟响起："我敢保证，只要振兴了中国的纺织工业，就能减少白银外流，就能救国，所以，我要去西方，学习先进的纺织技术。"

任理卿有点累了，他喝口茶水，操着有点沙哑的嗓音说："二南，该你说了，不能尽我说话，你说说，让我听听。"

任弼时心中高兴了，正心急着想讲话。他有一个想法，自己编的活报剧，里面有个穿西装的洋人，欺凌中国人，刚刚发觉，任理卿叔公演这个角色最适合。他还想到，任理卿叔公八月出国，肯定准备了西装，正好可以借来演出用。他对任理卿绕点弯子说："叔公，你去美国穿西装吗？"

任理卿说："当然穿西装。"

任弼时笑嘻嘻地说："我能看看西装吗？"

任理卿笑逐颜开，打开皮箱，拿出西装，大方地说："看看，准备好了。"

任弼时喜不自禁地说:"叔公,你能帮我一个忙吗?"

任理卿说:"当然能帮,什么事啊?"

任弼时闪着机敏的眼睛说:"想请你参加我们爱国演出。"

任理卿摆摆手:"不行,不行,我不会演戏啊,会出洋相的。"

任弼时拉着他的手说:"不碍事,很简单的,一学就会。"

任理卿面露难色地说:"我见不得人多,在人前就脸红,连话都说不出来,怎么去演戏?"

任弼时紧紧拉住他:"我不会难为你的,不要你讲话,只要你扮演一个洋人。"

任理卿骑虎难下,想着点子说:"西装给你们用,我人不去,行不行?"

任弼时缠着不放说:"不行。"

任理卿说:"除了演出,有没有什么其他事情能做,我……"

任弼时说:"就是你了,把准备出洋的西装和皮鞋带上,戴副眼镜,拿根手杖,就是一个假洋人了,只是要个样子。"

任理卿摊开两手,晃晃头说:"我哪里演过戏呀?"

任弼时说:"叔公,你支持抵制日本货吗?"

十一 烈火烧到唐家桥

任理卿一本正经地说:"当然支持喽。"

任弼时说:"叔公,你要支持我这个宣传团团长来爱国呀。"

任理卿左右为难地说:"我会出洋相的。"

任弼时拎上任理卿的西装,拖着他朝门外走,得意地说:"我和你一起演出,就是要你出出'洋'相!"

任理卿晃着头,诙谐地说:"我真是大姑娘上花轿——头一回干这种事……"

在场的人哄堂大笑。

任理卿硬着头皮,来到现场,登上戏台子。唐家桥的乡亲们都来了,扶老携幼,人头攒动。

任弼时扮演剧中工人,演得慷慨激昂,声泪俱下。任理卿演洋人,大摇大摆,嘴里叽里咕噜,摆出一副傲慢的样子。每到演出高潮,台下总是响起一片"打倒列强""打倒军阀""不做亡国奴"的口号声。

演出结束时,任理卿和任弼时浑身是汗。任理卿擦着脖子里的汗水,快活地说:"没想到,去美国前,我先做了一回美国人。"

任理卿觉得任弼时搞演出挺有意义,干脆把自己到美国留学的一套行装借给了任弼时当道具。

十二　眺望着北方

　　一九二〇年暑假，任弼时和萧劲光没有回家，他们待在学校，寻找着生活出路。

　　五四运动的波澜还在心底回荡，但此时，任弼时已是身不由己。家里生活窘困，沉重的负担向他压过来，他不得不去面对，考虑着怎么能继续上学，哪来的学费、生活费。这年，任裕道已经五十岁，大妹、二妹都在读小学，三妹才刚刚三岁，一家人的生活越来越难熬了。

　　任弼时没办法，想到过陈琮英，想到她那里借点钱来，解决燃眉之急。可想到学费、生活费太多，像个黑乎乎的大窟窿，一钱两钱填不满，他没有去找她，也不好意思去找她，陈琮英为他已经掏了不少学费，不能再麻烦她了。他心想，陈琮英就那么一点收入，不能总是向她要钱，她的钱估计是所剩无几了。

　　任弼时想到自己是上了初二的学生，十六岁，是个大人了，父母把自己养这么大，千辛万苦，不容易，应该自食其力，挣钱缴学费，养活自己。他内心纠结，看到自己现在不能帮助父亲，不能为家里出一点力，还要靠着父亲缴学费、缴生活费，伤心极了，眼里酸酸的。

他看不起自己了。看到地上爬着的蚂蚁，他心想：它们虽小，微不足道，但能自食其力，不需要其他蚂蚁的帮助，想想自己，伸手要饭吃，孱弱得简直不如蚂蚁。

有时，他一个人在太阳下乱走，漫无目的，让炙热的阳光烤着脑袋、脸、肩膀。他身上的皮肤、肌肉，任由阳光晒得发疼，似乎这样内心里的苦恼才会有所减轻。他鼓起勇气，发出誓言，不能再拖累家里了！

任弼时觉得孤立无援时，萧劲光来到身边，拖着他回到宿舍，开导说："我俩是一根藤上的苦瓜，你没钱上学，我也没钱上学，怕什么，甭愁，车到山前必有路。"

任弼时愁眉苦脸地说："父母肯定比我更发愁。"

萧劲光说："那肯定的，父母都一样，愿意把心掏出来给孩子，天底下只有父母能对儿女这样。"

任弼时说："我即使能上学，也要自己挣钱交学费，靠自己去奋斗。"

萧劲光说："我俩想法一样，男孩子应该自立自强，不要让大人操心。"

两人躺在床上，望着屋顶，任弼时胡思乱想地说：

"劲光，我俩能做点什么事呢？"

"做什么好呢？"萧劲光抱着脑袋，使劲地想着，说，"好多地方对刚从学校出来的学生是紧关大门的，我俩到电灯厂去看看？"

任弼时轻轻晃着头说："不行，我们没有手艺。"

萧劲光说："到湘江大西门码头上看看？"

任弼时说："码头上干体力活，人家不会看上我俩。"

萧劲光坐起来，心烦地说："那干什么，你说！去擦皮鞋、卖报纸，你肯定又不愿意干。"

任弼时拿手拍下床，提高声音说："谁说我不愿意干，只要能挣钱，我什么都能干。"

萧劲光被激起了心气，上了劲说："你能干，那我也能干。"

任弼时一骨碌坐起身，拉着萧劲光的手臂，急忙说："我们不要在屋里待着，真闷人，出去转转，说不定还能找份活干。"

天气尽管有点热，街上还是人来人往，挑担的，推车的，黄包车在人群中穿梭而过。街旁的店铺，琳琅满目，招牌醒目，公司、布号、洋行、酒店、茶楼、米市等，满眼皆是。

在太平街上，任弼时与萧劲光并肩走着，看到小孩子在街边俯身抱住行人擦皮鞋，萧劲光对任弼时说了句：

十二 眺望着北方

"你会擦吗?"

"怎么不会?"任弼时捋了捋衣袖,就要上前试试。

萧劲光拉着他说:"不要这样激动,我只是说着玩的。"

任弼时说:"我说话是算话的。"

萧劲光拉着他朝前走,说:"我知道你的犟脾气。"

任弼时说:"为了能上学,我什么活都能干的。"

萧劲光说:"我知道你能吃苦耐劳。"

他俩经过一家画像馆,推开门,走进去。里面空间不大,有点发暗,墙上挂满各种画像,有老人的,有青年学生的,有当兵的,还有写意山水花鸟。他俩看着看着,兴致油然而生,萧劲光小声问:"你看这些画水平怎么样?"

任弼时说:"画得可以。"

萧劲光说:"你是行家,说画得好那肯定就好了。"

任弼时点点头说:"要是画得不好,谁敢来这里替人画像?"

萧劲光说:"你能画吗?"

任弼时指着几幅成人像,有把握地说:"这样的肖像我是可以画出来的。"

萧劲光惊讶地说:"你真能画人像呀!"

任弼时说:"怎么,不相信吗?"

萧劲光笑眯眯地说:"相信,想不到你还有这一手。"

任弼时当即掏钱买了图画纸和炭笔。

萧劲光看着任弼时就要替人画像的样子,吃惊地说:"你要来真的呀?"

任弼时不含糊地说:"那当然,说干就干。"

回到学校,任弼时选择靠近窗户的地方,让萧劲光坐在床上,当模特儿,为他写生画素描像。萧劲光两腿晃荡着,俏皮地说:"就这样坐吗?"

任弼时让萧劲光两腿不要晃动,抬起头,坐直身子,两眼望着前面。他拿着炭笔,端详着他的身姿,说:"你要坐好了,要不会画得很丑的。"

萧劲光坐直身子,一动不动,高声地说:"你不要把我画成丑八怪呀。"

任弼时嘀嘀笑起来:"我把你画成一个英雄!"

果然,几笔下来,任弼时把他画得英武有神,像模像样。萧劲光拿着自己的画像对照着看,从心里喜欢,连连称赞并鼓劲说:"培国,你不愁没有出路了,可以挂招牌营业画像了!"

任弼时没有笑,平淡地说:"行吧,在这个社会里,凭一技之长找碗饭吃填饱肚子还是可以的。"

萧劲光看着画像,点着头说:"嗯,画得好,形神兼备。"

任弼时把人像放到床上，端详着，意味深长地说："画一张画是很快，但要谋求国家的富强就不那么简单了。"

萧劲光看着任弼时，颇有感触地说："是的，我们不能在内忧外患的国度里做任人宰割的牛马，仅仅做一个为了吃一碗饭而活着的人，我们要找到理想中的一条最好的出路。"

两个湖湘学子在长郡中学校园里会心地一笑，那笑声久久回荡着。是啊，有一技之长，再加上中学文凭，是不愁在城市找不到饭吃的。但是，经过五四运动的洗礼，年轻人思想开阔，想得更远了，不再是单纯为了个人的谋生和追求，而是希望走向更广阔的天地，走向改造中国与世界的阳光大道！

一天，任弼时从都正街回来，一进门，满面带着汗水，喜洋洋地对萧劲光说："有办法了，有办法了！"

萧劲光急忙问："有什么办法？"

任弼时兴冲冲地说："我们到俄国去。"

原来，任弼时在街上遇到同乡堂兄任岳，得知最近由毛泽东、方维夏、彭璜、何叔衡、易礼容等一批有识之士，在长沙文化书社筹建"俄罗斯研究会"，联络地点设在长沙船山学社，准备组织一批青年学生去俄国勤工俭学，当留学生。

这个突如其来的好消息，改变了两个长沙青年人的命运。

他俩大步赶到船山学社，看看到底是什么情况。

船山学社在如今的长沙市中山东路74号，清光绪年间是曾国藩祠堂，单层三进四合院，砖木结构，山字墙，小青瓦、白粉壁、朱漆门窗、方砖地面，在闹市之中显得非常安静、雅致。

进到船山学社的院子里，任弼时明白这里为什么叫船山学社，原来船山是一个人的名字。明末清初有个叫王船山的人，与顾炎武、黄宗羲并称明清三大文化学者，大家称他"船山先生"。

现在，毛泽东、何叔衡每逢星期日就来这里讲课。

毛泽东住在船山学社。这天，毛泽东要搬家。任弼时和萧劲光看见有人正在搬运行李，有一大网篮满满地装着笔记本，他们大为惊骇：毛泽东读的书太多了，读书笔记竟写了这么一大篮子啊。

萧劲光按捺不住内心的兴奋，告诉任弼时说："我读过毛泽东在《湘江评论》上的雄文。"

任弼时吃惊地说："真的吗？"

萧劲光说："真的。"

任弼时问："你怎么读到的？"

萧劲光说："别人借给我看的。"

任弼时说:"什么时候给我讲讲文章内容。"

盛夏的长沙,中午的太阳热得让人害怕,屋里屋外,有点发闷,使人透不过气来。

任弼时和萧劲光躺在宿舍的床上,心里好像有老鼠用爪子抓挠,乱糟糟的,睡不着。他俩不停地想,去不去俄国勤工俭学?再有两年就要中学毕业,文凭要不要呢?

萧劲光盯着任弼时说:"培国,你表个态,到底去不去呀?"

任弼时说:"你大我一岁,先表态嘛。"

萧劲光坚持不让地说:"你小我一岁,先表态。"

任弼时狠了狠心说:"当断不断,必受其乱,现在该是下决心的时候了。"

萧劲光从床上起来,在房间里走来走去,着急地说:"你说一句啊,到底去不去?"

任弼时想到毛泽东筹办俄罗斯研究会的良苦用心,横下一条心,坚定地说:"去!"

萧劲光站到任弼时面前,热血冲上头,痛快地说:"去!一言为定!"

两个好友吐出诤言,松下一口气,舍弃中学文凭,到俄罗斯勤工俭学!

他俩急不可耐,心急火燎,冒着外面的腾腾热风,兴冲冲再次赶往船山学社,报名加入俄罗斯研究会。

在船山学社知道的事情就多了，任弼时发现到国外勤工俭学是时代潮流，华法教育会湖南分会开办留法勤工俭学预备班，湖南很多学生报名参加，长郡中学就有二十八个。任弼时心动了，又想去法国留学。有老师告诉任弼时说，你年龄小，不宜去，而且费用太贵。任弼时想到家里经济实在困难，狠心放弃了机会。

两个初出茅庐的长沙伢子，每个星期日准时到船山学社，听毛泽东讲课。毛泽东的话振奋人心，催人奋进："俄罗斯打倒贵族，驱逐富人，劳农两界合立了委办政府，红旗军东驰西突，扫荡了多少敌人，协约国为之改容，全世界为之震动。"

在船山学社不太高、不太大、不太明亮的房间里，毛泽东面容有点瘦削，可个头显得魁伟、高大，两眼闪亮有神，他讲课时认真有力地做着手势，用哲学家洞察一切的语气，形象、生动地说："世界上什么问题最大？吃饭问题最大。什么力量最强？民众联合的力量最强。什么不要怕？天不要怕，鬼不要怕，死人不要怕，官僚不要怕，军阀不要怕，资本家不要怕……"

任弼时仰望着毛泽东。毛泽东用深邃的眼睛望了望任弼时，好像在鼓励他说："奋斗！奋斗！"

任弼时的心情激动着、飞扬着。

一个闻所未闻的、全新的世界，如一轮旭日，在任弼

十二 眺望着北方

时眼前升起来，光芒万丈，气象无限，他看到了中国的邻居俄罗斯，广袤的大地上，工农群众在布尔什维克的带领下，推倒了沙皇政府，结束了英美法帝国主义的欺凌，翻身做了主人；他仿佛看到列宁，一只手臂指向前方，高声宣布："政权应该交给工兵代表苏维埃！"他听到阿芙乐尔号巡洋舰的火炮，冒着赤红色的火焰，轰击冬宫，让不可一世的达官贵人，终于低下他们高傲的头颅。

一条崭新诱人、霞云漫舞的大道铺展在任弼时面前，俄罗斯的十月革命，宣告崭新的社会制度建立了，穷苦的百姓幸福快乐地生活着。任弼时小时候一些想不通的事情渐渐清晰明了。

任弼时和萧劲光被遥远的北方国家吸引了，跳动的心焦急地飞翔起来，飞向那个美丽地方。

一九二〇年十月，任弼时和刘少奇、罗亦农、萧劲光经长沙船山学社社长贺明范和长沙俄罗斯研究会介绍，去上海外国语学社留俄预备班学习俄文，做好赴俄罗斯勤工俭学的准备。得知在校学生要留俄的消息，长郡中学校方变脸了，贴出一纸布告，说任弼时、萧劲光意在留学俄国，无心在长郡的学业，开除学籍。

任弼时听说了，呵呵大笑道："有人不喜欢我们，让我们离开，可爱我们的人在等着呢。"

他们找到灵魂栖息地了。自此，任弼时翻开了追求真理的关键一页，他的一生都与中国革命的斗争、与共产党的发展、与新中国的诞生，紧紧地联系在一起。

在湘江边上的潮宗街小码头，任弼时、刘少奇、罗亦农、萧劲光搭上小船到岳阳，换乘江轮，顺流而下。

十三　心灵被深深触动

上海法租界霞飞路渔阳里六号，一幢二层的石库门楼房，门口墙上挂着一块竖式招牌，镌刻着"外国语学社"五个白底黑字楷体字。

上海外国语学社是中国共产党上海早期组织于一九二〇年九月创办的，主要为输送革命青年赴苏俄学习做准备。由时任共产国际代表维金斯基的翻译杨明斋经手，开办中俄通讯社和外国语学社，并担任社长，负责赴俄前的培训和赴俄后的联络工作。

这是去俄罗斯勤工俭学、公开招生的"学校"。少数学生看到报纸上的招生启事后报名入学，大多数学生由各地的革命团体或个人推荐入学。

外国语学社大部分学生不住学校，半天上课，半天在家或租房中自修，有少数学生在校借宿二楼的厢房，人多床少。任弼时和萧劲光等几个人在贝勒路租了一个亭子间，睡地板，吃包饭。

任弼时看见渔阳里弄堂口，有一间小烟纸店，里面坐着一个法租界巡捕房的"包打听"，贼头贼脑的，两眼盯着从外国语学社进出的人员。

十月的上海，十里洋场，如梦似幻，黄浦江缓缓地流淌，轮船汽笛声声。外滩，高耸的大楼一座比一座高；南京路上，人流如织，广告满眼。华灯初上，五光十色，让人眼花缭乱。

任弼时到上海后没有四处走走，他改不了脾气，做事认真，一心不二用，放下行李，忙着打听开学时间。看到一本俄语书，拿起来就看，那种聚精会神的神情，真像懂俄语似的。萧劲光笑道："你看得懂吗，大年夜卖年画——不懂买卖经。"

在外国语学社，任弼时的好友除了萧劲光，还有刘少奇，同为湖南乡友，比他大六岁，是宁乡人。他与刘少奇一见如故，紧紧拉住刘少奇的手，像老同学似的亲热，笑着说："宁乡与湘阴一衣带水，隔着湘江相望，我去长沙上学时，要路过你们那里，我们是邻居啊。"

刘少奇微笑道："我们现在是同学了，老乡见老乡，凡事好商量。"

外国语学社的学生越来越多，住宿非常紧张，刘少奇有时与任弼时、萧劲光住在一起，有时也会借宿二楼的厢房打地铺。

任弼时认识了不少同学,大家初次见面,握着手,有说有笑,很亲热,不像是陌生人。任弼时记忆力超强,很快记住部分同学的姓名,如:俞秀松、刘少奇、罗亦农、吴芳、谢文锦、彭述之、许之桢、傅大庆、马念一、曹靖华、韦素园、蒋光慈、王一飞、柯庆施等。

外国语学社楼下是教室,里面有几排深色的课桌,原木色木板凳,一块大黑板端端正正地挂在墙壁上。学生多时有五六十人,坐满一屋,教室拥挤不堪。学社分设英、法、德、俄、日语几个班,课外学员分成安徽、湖南、浙江三个小组,曹靖华是河南的,只有一个人,编入安徽小组。刘少奇、罗亦农、任弼时、萧劲光几个老乡,分在湖南组。学生经常一起进行政治学习,每周参加一次报告会或演讲会。

除星期日外,每班每日授课一小时,文法课是中国人教授,读音会话是外国人教授,除英文外各班都从入门教起。俄文班课程主要有两门:俄文和共产主义基本知识。授课老师中,社长杨明斋兼教俄文,还有共产国际代表维金斯基的夫人库兹涅佐娃,以及陈独秀邀请来的年轻漂亮女教师王元龄。王元龄十九岁,是老同盟会会员王产祺的女儿,刚从哈尔滨俄文学校毕业回来。教日文的是李达,教法文的是李汉俊,教英文的是袁振英。

刘少奇、罗亦农、萧劲光、任弼时被安排在俄文班。

这些风华正茂的青年人，都来自全国各地，他们怀着救中国、救水深火热之中的人民，打破外国列强对中华民族的压迫和剥削的理想，一路车马劳顿，颠簸晃荡来到这里学习。他们不讲究吃穿住，每人一个月的生活费仅五元六角，经常五人包四人的饭分着吃，省下一份饭钱用于买书报等。

学社安排得非常周到，为了让学生们尽快接触、接受马克思主义，每周一次请来最早全文翻译《共产党宣言》的陈望道，讲解《共产党宣言》，请来了作家沈雁冰讲社会科学知识。

学生听课专注，认真做笔记，很少闲聊天，也不去街上逛逛。俄文班的同学有时间时闲聊的是："中国道路在何方？""走俄国人的路，实现中华民族独立和人民解放。"

学习简单的俄文用语，也有不小的难度。俄文发音要卷舌尖，打出颤音，不少学生卷不了舌头，噘着嘴像个哑巴，哼哼的，打不出颤音，干着急。他们对着王元龄喊："王小姐，怎么打不出颤音？"

任弼时小时候学过音乐，嘴里打过颤音，学得快，平时走路、睡觉，嘴里不停地练着"得儿、得儿"颤音，很快就能说上几句俄语了。

上午学俄文一个小时，剩余的时间，大家用在学习其他外语和书籍上，阅读《共产党宣言》，看《新青年》和北京的《晨报》、上海的《时事新报》《民国日报》《星期评论》等进步报刊，用心思考着中国革命的一些问题。学生中成立了工读互助团，他们利用课余时间，到"中俄通讯社"和《劳动界》杂志做誊写、搞校对、收发信件，给上海共产主义小组刻蜡版、印传单。任弼时会画画，小楷字写得好，刻蜡版忙得两手不停，常常低头干到天黑，弄得身上、脸上沾着油污，像化妆演戏似的。

沈雁冰讲课时，任弼时联想到这个大作家捐了八十元稿费给学校，才成立了外国语学社。他想，作家有纯洁的心灵，善良，热心帮助人，沈雁冰的行动证实了作家圣洁的称号！

听讲《共产党宣言》是必修课。陈望道讲课之前，任弼时把《共产党宣言》小册子读了几遍，反复琢磨着里面的观点、目的、意图，这是他正式接触共产主义理论。他端详着《共产党宣言》封面上的大胡子马克思，满意地说："画得不错，线条简洁，柔韧传神。"

他问同学们："马克思为什么留有大胡子？"

同学猜想着说："欧洲人嘛，流行养胡子，以蓄胡子为美。"

任弼时若有所思地说："应该是蓄着胡子明志，如果不写好《共产党宣言》，不剃掉胡子。"

萧劲光补上说："是这样，就像我们古人'头悬梁、锥刺股'一样。"

同学们都点头赞成任弼时、萧劲光的说法。

陈望道是复旦大学教授、上海共产主义小组成员，讲课的语言像诗，精美华彩，内涵隽永，让人思考、回味。他诵读道：

"一个幽灵，共产主义的幽灵，在欧洲游荡。为了对这个幽灵进行神圣的围剿，旧欧洲的一切势力，教皇和沙皇、梅特涅和基佐、法国的激进派和德国的警察，都联合起来了。"

陈望道老师吸口气，打开心扉，用亲切的语调说："同学们，前边这段开头的引言，就是来自全人类伟大的旗帜——《共产党宣言》。"

……

任弼时被震撼了，内心有一道霞光刺穿乌云，犹如初春的土地上，小草从冰雪中拱出一瓣青色，迎春花在寒风中抖开包裹的花蕊。是呵，这从未见过的壮美景象，怎能不使人激情奔涌，心潮澎湃……

陈望道接着说："《共产党宣言》问世，使社会主义理论从空想变成了科学。七十二年来，《共产党宣言》被译成多种语言出版了几十个版本，是全球公认的'传播最广的社会政治文献',是世界各国无产阶级解放运动的指南。"

《共产党宣言》的思想光芒穿越时空,照亮了教室,照亮了任弼时的内心,照亮了中国,照亮了世界!

陈望道充满激情地说:"《共产党宣言》提出了共产党人的理论,就是要消灭资本主义私有制,消灭人剥削人,最终实现每个人的自由发展。"

心底的东西被触动了,任弼时发现了自己,明白了自己的使命,知道自己从哪里来,到哪儿去,要干什么。 马克思的一段至理名言烙烫着他的心:"如果我们选择了最能为人类福利而劳动的职业,那么,重担就不能把我们压倒,因为这是为大家而献身;那时我们所感到的就不是可怜的、有限的、自私的乐趣,我们的幸福将属于千百万人,我们的事业将默默地,但是永恒发挥作用地存在下去,而面对我们的骨灰,高尚的人们将洒下热泪。"

说得多好呵! 奋斗,为千百万人的幸福奋斗,只有奋斗,才能有希望。 任弼时激动地想,自己心中念想"造成大福家世界,同天共乐",与这话是多么地相似、贴近!

大胡子马克思的几句话,让任弼时视野顿开,刻骨铭心,心底不停地念叨:"无产者在这个革命中失去的只是锁链。 他们获得的将是整个世界。""让统治阶级在共产主义革命面前发抖吧。"

任弼时思想的大河变得奔腾了，壮阔了。

陈望道住在渔阳里隔壁弄堂，任弼时和同学们常常到他那里去，拜望、求教。他觉得陈望道老师不是一个普通人，而是一个非常了不起的圣贤人，在芸芸众生的世界里，他有独到的眼光，非凡的气魄，敢于扎进大海，拼尽全身力气，游到不可思议的大西洋，翻译出《共产党宣言》。任弼时被《共产党宣言》描绘的那种波澜壮阔的美丽情景所深深吸引、陶醉，为陈望道儒雅的身影和丰富的学识所折服。

有时，任弼时留在陈望道家里吃便饭。陈望道边吃饭边讲马克思的生活，说他生活非常不易，在冰与火中活着，外衣进了当铺，妻子病了，小女儿病了，医生不能请，因为没有买药的钱；家里吃的是面包和土豆，有时还吃不到，饥肠辘辘。

伟人背后的辛酸遭遇，引起了任弼时的悲愤与痛楚。他想不到一个伟大的人物还过着这样颠沛流离、饥寒交迫的生活。他郁闷地想：伟人内心世界这样宽广，爱着天下千千万万劳动人民，怎能生活得这样凄凉、潦倒呢？任弼时不由得想到了自己，心心念念，日思夜想，为着一点小私利，真是太没襟怀了……

个人生命的小溪跌宕起伏，终于汇入宽阔的大江大

十三 心灵被深深触动

··· 129

河。任弼时把报答父母的养育之恩,把对家庭应尽的义务和责任心,渐渐融进"造成大福家世界,同天共乐"中。

任弼时和同学们没有向别人打听,而是用自己的眼睛看了出来,上海外国语学社是刚成立的上海共产主义小组,他们来这里学习的最终目的,是为即将成立的中国共产党培养干部,到俄国去,学习革命道理,回来搞革命,改变落后黑暗的旧中国。

任弼时的心在燃烧,等待着召唤,随时奔赴俄国。他知道,自己踏上的是一条漫长艰险的革命道路。但后来中国共产党和中国革命的故事,波澜之壮阔、牺牲之惨烈、成就之伟大、影响之深远,可能是当时的他未曾想到的。

上海共产主义小组成立了上海社会主义青年团,任弼时、萧劲光等同学光荣入团。刘少奇来上海之前,经长沙船山学社社长贺明范介绍,已经加入了中国社会主义青年团。

到俄国的日子迫近了,任弼时心情激动,眼前常常出现北方的莫斯科红场,以及克里姆林宫高高的、厚厚的红墙……

这时,湖南老家来了一封信,任弼时陷入了情感的漩涡中,心绪不宁。父亲任裕道托人带信来,知道任弼时要去遥远的俄罗斯学习,劝儿子不要去,留在上海做事,以便从长计议。

隔着千山万水,任裕道每天都在想着远在上海的儿子,想着已经长大的任弼时,那是他的生命,是他一生的指望,也是他们全家的指望。他不得不想,十多口人的家庭,自己的父母、妻子、三个女儿,还有未过门的儿媳妇,将来的家庭要依靠儿子来支撑。

在儿子处于人生十字路口,要决定何去何从时,任裕道不放心了,他是一家之主,要拿主意了。儿子尽管在大上海学习,见多识广,可在他眼里,还是没有长大,是个小孩,不成熟,是个生瓜蛋,容易冲动、逞强、走错路、做错事。

任弼时怎能不理解父亲的一片苦心,他是替自己担心着前途呢!任弼时拿着来信,裹在被窝里想着,苦恼着,纠结着。他想得心痛的时候,眼泪就流下来了,父母把自己养大,现在自己翅膀稍硬一点,就要丢下父母、几个妹妹,离开家,飞到远远的国外,这样做合适吗,像个当儿子、当大哥的吗?古人说,"养儿侍老,积谷防饥",可我为家里做过什么,是给父母挣过一分钱,还是在他们生病时服侍过?他想不下去,抹了一把泪水,惭愧万分,责怪自己,没有为父母尽过一点孝心……

他眼前老是晃动着父母的身影,晃动着三个妹妹的身影,晃动着恋人陈琮英的身影。

任弼时心里激烈地与自己争辩：千辛万苦来到上海，不分早晚地读书学习，知道了一些人生道理，盼着、等着，好不容易等到今天，眼看就要出国，去实现自己的愿望，现在按照父亲的话去做，说放弃就放弃，那我这个人就太没出息，这些日子是白学习了，没有一点主心骨，永远长不大，将会一事无成……

任弼时想到了马克思在贫困中写作《共产党宣言》，想到了毛泽东在船山学社苦口婆心的讲课，想到了周围的同学刘少奇、罗亦农、萧劲光他们，都在为天下人的自由生活奔波，"造成大福家世界，同天共乐"……

在痛苦中，任弼时用手抓着头发，狠下心，割断愁绪。他要为了寻求中华民族的出路，离开上海，去俄罗斯留学。

任弼时回复给父亲一封充满深情、感人肺腑的家书：

父亲大人膝下：

……只以人生原出谋幸福，冒险奋勇男儿事，况现今社会存亡生死亦全赖我辈青年将来造成大福家世界，同天共乐，此亦我辈青年人的希望和责任，达此便算成功。唯祷双亲长寿康！来日当可得览大同世界，儿在外面心亦稍安。

……

在信中，任弼时还一再地嘱咐父亲，要想法帮助陈琮英读书学习，提高文化水平。

初夏来了，杨柳飘拂，和风撩人。从上海闸北的吴淞港，任弼时登上俄罗斯邮轮启程远航。

浪花千里，涛声灌耳。邮轮渐渐离开港口，任弼时觉得自己的生命融入了大海，踏上全新的人生之路，激动难安，嘴里轻轻地念叨"一九二一年五月"这个时间。他不会忘记这个日子，他的生命获得新生，他将要成为一个"造成大福家世界"的人。

眺望大海，任弼时依恋的心，像一只海鸟，贴着海面飞翔……

十四 到莫斯科去

任弼时、刘少奇、罗亦农、萧劲光等一群年轻人,从黄浦江启航,坐邮轮取道日本长崎,经海参崴去苏俄,奔赴莫斯科东方劳动者共产主义大学学习,刘少奇担任领队。

北洋军阀政府害怕一些进步青年暗中串联活动,派特务去日本、俄罗斯,严密监视行踪,搜查坐火车、邮轮的旅客。为了掩人耳目,任弼时等留俄学生进行了化装。任弼时背着剃头箱,扮成理发匠;萧劲光带着乌木裁缝尺子,化装成裁缝;曹靖华穿着长衫,化装成老师;王一飞西装革履,打扮成记者。他们带着上海共产主义小组的介绍信,三三两两地上路了,虽然走在一起,却装作互相不认识。

第一次在大海上航行,任弼时看见大海是这样漫无边际,比想象中的还要壮阔。在他心目中,洞庭湖已够大的，在范仲淹的笔下那是看不见边的，水天相连，浩浩荡荡，气吞万里。没有想到大海比洞庭湖不知要大多少倍，简直是想象不出来的那种大，波浪滔滔，庞大的邮轮在海面上漂浮，看起来似一叶小舟，似乎一个浪头就能把它砸埋到海底里。

任弼时想起小时候父亲带他看汨罗江、岳阳楼，想起父亲说过的话："中国很大，有很多大江大河，有长江、珠江、嘉陵江、黄河、淮河、湘江……"他欣慰地笑了，为父亲由衷地高兴，父亲待在巴掌般大点的乡下，竟能知道中国这样多的大江大河。他眼光落到黛色的海面上，落在洁白的、跳跃的浪花上，惋惜地想，父亲要是能坐船看看大海该有多好啊！

一排排汹涌的波涛，朝着任弼时扑过来，打在船头上"哗、哗"直响。任弼时的思绪飞到了俄罗斯，"十月革命"一声炮响，工人、士兵端着枪，冒着敌人的枪林弹雨，冲向冬宫；黑压压的人群，像眼前汹涌的波涛。想到这里，他心里发热，为自己即将踏上俄罗斯的热土感到自豪，为自己有这坚定的选择感到骄傲！

早上，海上风冷，任弼时戴着棉帽，穿着厚实的棉衣，扶着船栏杆，欣赏着冉冉爬出海面的一轮旭日，让霞光温暖地抚摸着脸庞。他心中温馨如春，想到孙中山、黄兴几次坐船到日本，去留学，建立中国同盟会，进行革命斗争，学习日本是如何崛起的。他心想，孙中山、黄兴去日本，在海上肯定看过日出，被太阳刹那间跃出海平面，染红海面，震撼过、陶醉过，被霞光温暖地抚摸过脸庞。任弼时这样想着，为有过孙中山、黄兴同样的海上幸福感受而说不出地兴奋。他独立船头，大声吟诵屈原的诗赋："路漫漫其修远兮，吾将上下而求索。"

在洞庭湖边长大的任弼时身体结实，是见过风浪的"麻雀"，不晕船，不像有的同学，晕船晕得天旋地转，心里发慌，两腿站不住，面色苍白，睡在船舱，呕吐得一塌糊涂，身子软塌塌的，蜷缩得像只虾子。

晕船的同学羡慕任弼时，看着他站在不停颠簸的船头甲板上，稳如磐石，有时还四处走动，心情无比激动，忘我地欣赏着大海、日出、海鸥、浪花。

在海上航行了三天三夜，邮轮到达日本长崎加水加煤，歇息小半天，径直驶向海参崴。

跨过日本海，就是海参崴。海参崴的名字是海边小渔村的意思，以盛产海参而得名。

这是一个优雅、宁静的海滨山城，依山而筑，海湾四周围着低矮的山岭，像屏风，护佑着这座城市。

停靠口岸，任弼时和同学下了船，顿时感到海参崴有一股紧张的、令人惶恐不安的气息。海参崴掌握在日本部队手里，被肆意地糟蹋、蹂躏，当地人都有一种压抑感。现在,这里又闹起了鼠疫,海参崴的老百姓担心死亡随时会降临到头上。

大街小巷几乎没人,俄罗斯人看到中国人来了,惊恐不安,慌忙躲避。

海参崴的春天姗姗来迟,中国南方四月已繁花似锦,这里却是冰天雪地,河里、湖里结着厚厚的冰,大片森林披着斑驳的白雪。

任弼时张大眼睛,呼吸着清新、冷冽的空气,呼出的气息在嘴边凝结成了冰。他难以置信,四月天里,这里如同寒冬一样,天寒地冻,冻得人身上瑟瑟发抖。

任弼时惊讶地发现,积着白雪的岩石上,栖息着一群小鸟,它们不像是生活在冰雪的世界里,而是活在一个温暖的、山清水秀的地方。它们站在雪上,啄着雪,拍着翅膀,兴高采烈,见到来人了,亮亮翅膀,展示出不畏惧的样子。

任弼时盯着小鸟,心想,海参崴这样清爽安静的地方,怎么会有鼠疫呢?

海参崴一带闹鼠疫,死了不少人,得上这个病就会咳嗽、发热、皮肤出血。

海参崴的街上一片清冷、寂寥,有几个戴口罩的检疫人员,不时盘问着过路的人,让他们张大嘴巴、睁大眼睛,接受检查,发现有不对劲的地方,想到的就是鼠疫,不容分说，带着就走，隔离起来。

　　任弼时他们没有随便走动，住进了一个中国人开设的小旅馆，坐在冰冷的房间里，闭着嘴，静静地等待共产国际远东局联络人员伊凡诺夫来接头。

　　任弼时衣服穿得少，感冒了，身上发冷。刘少奇心疼同学中年龄最小的任弼时，让他睡进被窝里，可他不愿意，坚持要和同学们坐在一起。刘少奇盯着任弼时说："你生病了，不能坐在这里，睡进被窝里好一些。"

　　任弼时固执说："不要紧，多喝一点热水就好了。"

　　刘少奇拉着他，摁进被窝里，说："在这样寒冷的地方，要学会保护自己的身体。"

　　任弼时感冒重了，身子发着烧，清水鼻涕不停地淌着。他看到大家在焦急地等待联络人，可自己在关键时刻身体不争气，病倒了，觉得真是倒霉，心里发急。他怕影响大家行动，自责说："真是对不起，我拖大家后腿了。"

　　萧劲光找来热水，端着让他喝下去，给他额头上敷着湿毛巾，抚慰说："你不要多想，谁愿意生病啊？多喝点热水，好好休息，养好精神，跟着大家随时上路。"

　　刘少奇给任弼时掖了掖被子，说："放心，我们会照顾你的，大家是同学，一起出来的，就要一起到莫斯科。"

任弼时睡在被窝里，眼睛中带着感动，一声不吭，看着大家。

按照指定的地点和联络暗号，同学们找到了秘密联络点，和联络人海参崴大学的教授伊凡诺夫接上了头，拿到了介绍信。大家都轻轻地吁口气，心想，这下可好了，有了介绍信，能顺利出发了。

意外的事发生了，北洋军阀政府驻海参崴总领事馆的人，看到任弼时他们三五成群地进出小旅馆，穿戴也杂七杂八，像是一群社会"盲流"，起了疑心，想要弄清到底是什么人。

领事馆的人跨进小旅馆，推开房间的门，黑着脸盘问："你们从什么地方来的？""到海参崴干什么？""来了多少人？""与什么人有联系？""谁是领头人？"

任弼时他们早有思想准备，沉着镇静，委婉地应对。领事馆的人没有发现什么可疑之处，但对他们的行踪心存疑虑，不太放心。

任弼时睡在床上，观察着动静，反应机敏，对着同学大声地喊："我头疼，你们不管不问哪？"

领事馆的人见任弼时感冒发烧，生怕得了鼠疫，捂住口鼻，离开房间。

同学们怕夜长梦多，准备立即离开海参崴，忙着收拾行李。萧劲光看到任弼时从床上慢慢地坐起来，扶着他站到地上,细心地问:"培国,行吗?"

任弼时稳了稳身体,说:"放心吧,能走。"

同学们还没有出门,领事馆的人又来了,朝着刘少奇、罗亦农、王一飞、谢文锦、许之桢几个年龄稍大的人脸上看看,招招手,阴着脸说:"你们几个跟我们走一趟。"

谢文锦站到前面说:"我们是来做生意的,带我们到哪儿去?"

领事馆的人两眼在同学们脸上乱望一阵子,不问青红皂白,推攘着刘少奇、罗亦农、王一飞、谢文锦、许之桢朝门口走去。

任弼时、萧劲光他们待在小旅馆里,心神不安,担心刘少奇他们出什么事。

海参崴的春天,让中国一群青年人呛了寒风,猛然清醒地意识到,寻求阳光的路上,注定会有春寒料峭。

"寒流"骤来,这仅仅是开始。

房间里冷飕飕的,任弼时裹在被子里,身上还是发冷,心里更是冰冷。

刘少奇、罗亦农、王一飞、谢文锦他们完好无损地回来了,由于他们摆出一副若无其事的样子,镇定机智地应对盘问,让领事馆的人确信无疑,他们没有什么政治上的目的,只是来海参崴找点事情做做,谋个生活出路,发点小财。

任弼时他们把下一站的联络介绍信缝在棉衣夹层里，准备踏着冰雪，继续前行。下一站是伯力，是红军管辖的地盘。

伊凡诺夫教授来护送他们，再三交代说："从海参崴到伯力，是红军和白军交界的区域，沿途盘查很严，你们要千万小心，如果遇到白匪，暴露了身份，就会有生命危险，只有到了红军管辖的伯力，安全才会有保障。"

追求真理的青年人，心中只想到"春"从北方来，风雪算什么，严寒算什么，只管逆风而行，勇往直前。

他们改坐北行火车，朝前走。

海参崴到伯力之间有一条宽阔的河，叫伊曼河，河面上结着厚实的冰，阳光照上去，闪出白色的光芒。寒风呼呼地吹，两岸低矮的树木披挂着冰雪，微微地摇晃。

伊曼河是个分界线，河北岸是红区，河南岸是白区。红白交界处有关卡，铁丝网密布，火车经过此处，乘客必须下车，一一接受盘查。

伊曼河一带流行着鼠疫，关卡处盘查增添了检疫一项内容，当兵的端着枪，一脸肃穆，注视着过关卡的人。

任弼时他们怕聚在一起引起注意，分散开来走。刘少奇、罗亦农、王一飞、萧劲光他们在前面走，当兵的对他们问了几句话，检疫的人拿体温计量了一下身子，一挥手，让他们走过了关卡。任弼时在后面走，过关卡时量体温，量了两遍，当兵的和检疫的人神情紧张，大声嚷起来，把任弼时扣留下来，说得了鼠疫。任弼时赶紧不停地解释，说是着凉感冒发烧，不是鼠疫。检疫的人脸上冰冷，表情漠然，听不进任何话。当兵的不耐烦，用枪托推着任弼时，赶着走，到了一边。

任弼时急了，瞪大眼睛，眼看着同学们一个个又上了火车，而自己一个人被孤零零地留下来，不知后面将要面临什么，他的心提到嗓子眼，又气又急。

任弼时不能向同学打招呼，佯装不认识，用焦灼的眼睛望向不远处的刘少奇、罗亦农、王一飞、萧劲光，告诉说，怎么办，我被当成得了鼠疫扣留下来了。

刘少奇、萧劲光站在车门口，心情复杂地望着任弼时，希望他能快点想办法，向检疫的人说清楚，搭上去伯力的火车，到了那里，可就算是到"家"了。

任弼时看着冷冰冰的检疫人，像看一个个石头人；对他们说话，简直像是对驴说话。他的心如同坠入了冰窖。

刘少奇看着无助的任弼时干着急，但帮不上忙，只能默默地说，任培国，坚强些，不要害怕，你会有办法摆脱他们，我们在伯力等着你，一起去莫斯科……

萧劲光揪着心说："他一个人留下来，会受罪的。"

萧劲光担心任弼时身上没有多少卢布,如果放了出来,迷了路,没有钱怎么坐火车到伯力,怎么吃饭、住宿……他从衣兜里掏出一点卢布,捏在手里,想留给任弼时。

火车拉响汽笛,冒着黑烟,像一个甲壳虫,慢慢挪动了。

刘少奇、萧劲光一点一点消逝在远处。

孤独最可怕,孤独的路只能一个人走。

任弼时被扣留在伊曼市,身上发着烧,疲软乏力,不愿动,不想吃饭。但他想到已在伯力的同学,想到被红军解放下的伯力,想到莫斯科,逼迫自己拿出精神,大口吃饭、喝水,要用体力抗住感冒发烧,去追赶同学们。

每天,日本人和白匪都会盘问任弼时,想从他嘴里掏出实话,想让他交代说他是投奔红军。任弼时一口咬定是到俄国去谋生。白匪吓唬说:"你不说实话,永远回不了家,要枪毙的。"

任弼时是上海社会主义青年团团员,是新思想熔炉里锻造出来的革命青年,岂是几句话就能吓倒的,他依然重复一句话:"我是到俄国找活做的。"

日本人和白匪又给任弼时测体温,任弼时急中生智,眼尖手快,把体温计的水银头稍稍露在外边,体温下去了,关卡就此向他打开。

走在伊曼河的桥上，带着寒意的春风，在任弼时背后用力推了一把，他大步流星地走了过去。任弼时悬着的心放下了，浑身轻松不少，感冒发烧也见好了。他看看天空，觉得天空好蓝；看看太阳，觉得好暖和；看看伊曼河，觉得闪亮的冰在向自己有趣地眨眼睛。自由真好呵！任弼时开始寻找自己最温暖的地方。

他徒步沿着铁路朝北走，北边是伯力，是列宁的红军，是莫斯科。每朝前迈出一步，他就朝伯力、朝莫斯科多靠近一步。他大步朝前走，汗水和希望铺了一路。

一个小车站跳进任弼时的眼里，他心情激动，跑进去，趁没人注意，爬上了一列火车。他听着耳边呼呼的风声，听着车轮在铁轨上颠簸的"哐噹、哐噹"声响，赶往伯力。

到了，在伯力车站上，任弼时看到了同学们，泪光盈目。

同学们在等着任弼时。

萧劲光看见任弼时第一眼时，以为看错了人，两天未见，如同隔了十天半月，跑上前，一把抓住他，连连问道："你怎么脱险的？快告诉我！"

任弼时把怎样脱险、追赶，一口气说了出来，讲话的语气、轻松的神情、刚强的样子，好像是旅游回来一样。

萧劲光把任弼时上下打量一番，搂住老同学说："你不知我们多么担心呀!"

刘少奇眉角含笑说:"这下好了,我们放心了,大家一个不少地又聚到一起了。"

任弼时咧着嘴笑着说:"我赶上来了,到莫斯科没问题啦。"说这话时,他显得自然、自信、有力量,没有一点憋屈、难过。他是充满自信的人,内心有着自信,怎能有憋屈和难过?

在同学面前,有说有笑,任弼时顿觉换了一个天地,精神面貌焕然一新。

伯力是河港城市,西伯利亚大铁路横穿市区。从伯力经过赤塔,到莫斯科,还有漫长的路。

坚强的意志,支撑着顽强的生命。

任弼时他们分水陆两路去莫斯科。刘少奇、萧劲光坐船从黑龙江上行,任弼时、罗亦农他们坐着闷罐火车去莫斯科。

上车前,他们每人领到一个像枕头一样的黑面包。

开车了,开始了漫无边际的"长征",任弼时他们坐在黑灯瞎火的车厢里,昏头昏脑地摇晃着,没有开水,没有暖气,饿了就啃几口黑面包,还不敢多吃,因为不知走多少天才能到莫斯科。昏暗中,任弼时站起来,边咳嗽边响亮地背诵:"路漫漫其修远兮,吾将上下而求索。"屈原的诗句,像一把火,点燃了大家的激情。大家头抬起来了，眼睛发亮了，有的人眼睛湿润，攥紧拳头，背诵起了岳飞的诗句："三十功名尘与土，八千里路云和月。莫等闲，白了少年头，空悲切。"

漫漫的路途呵，寒风吹，枯叶飞，有力量的人怎能被"苦难"轻易磨去钢筋铁骨！

火车跑得很慢，因为缺煤，只能烧木柴，车一停，任弼时他们跳下车，冒着严寒去搬运木柴，遇到铁路被破坏，就下车帮助修铁路。走走停停，停停走走，走了两个月，一九二一年七月九日，爬过七千多公里的西伯利亚铁路，他们到了莫斯科。

十五　斯大林兼任名誉校长的大学

　　莫斯科的秋天，天真的是蓝，无边的天空，一碧如洗。天气渐冷了，树上的叶儿发黄了，金灿灿的黄色，亮得透明。

　　任弼时的心情如天上悠悠的白云，飘呀、飘呀，心荡神驰。到了莫斯科，看到了石块铺的青光发亮的红场，看到了克里姆林宫城门塔楼和箭楼上的红宝石五角星。没过几天，他就充分感受到了革命的气氛。他想，难怪莫斯科会成为世界上无产者的革命中心，世界上第一个社会主义国家的首都，在这里，自己感受到了人该怎样地活着，怎样地生活，怎样地度过一生才算真正有意义……

　　令任弼时和同学们更为激动的是，国内传来消息，一九二一年七月到八月间，中国共产党第一次全国代表大会在上海和浙江嘉兴举行，中国共产党正式诞生了。陈独秀为中央局书记。毛泽东、何叔衡、董必武、陈潭秋等十二个代表出席会议。一道绚烂的晨光照亮了任弼时，他看到黑暗中的旧中国有了一缕光明，从沉沦中醒来……

他从来没有这样开心过，有事没事就会嘴里哼唱欢欣的歌曲。

年轻的中国学生到了莫斯科，见了世面，开了眼界，参加了青年共产国际第二次代表大会，与来自世界各地的革命家坐在一起开会，个个脸上洋溢着发自内心的笑容。他们虽然语言不通，但用手势热烈地"交谈"着。有的人用刚学的几句俄罗斯话，生硬地说着"哈啦哨""斯拔斯拔"，表示"好"和"谢谢"。让任弼时兴奋、想不到的是，他走进了克里姆林宫，看到了葱郁的林木，繁茂的花草，高耸的教堂，轩昂的殿宇。他和同学们坐进宽敞明亮的大会堂里，参加了共产国际第三次代表大会，在璀璨的灯光下，看见列宁站在大会发言席上，手舞足蹈地激情演讲。任弼时和会场上的人都给列宁鼓掌了，鼓掌的声音哗哗响，像海浪翻滚，经久不息。任弼时从来没有这样鼓过掌，长时间鼓掌鼓得掌心都发热了。

任弼时走在莫斯科红场的林荫大道上，踩着满地落叶，回到临时住的共产国际招待所柳克斯旅馆。他喜欢听走廊里、餐厅里俄罗斯大人小孩说"兹德拉斯特维杰"，表示"你好"，那说话的声音真是美妙，像手风琴拉出来的抒情音乐，让浑身的每一个细胞都快乐地跳跃。

斯大林是莫斯科东方大学的名誉校长，任弼时乍一听说，精神为之一振，他和萧劲光登上学生宿舍五楼，俯瞰着宽敞、优美、整洁的校园。他看到有的学生聚集在草坪上说话，有的学生三三两两在长廊里谈笑。他俩目光一起落在校园外的苦行广场上，看着耸立的普希金青铜纪念像。萧劲光用手撸一把头发，兴奋地说："弼时，看过纪念像基座上刻的普希金的诗吗？"

"看了，我还常背呢。"任弼时注视着普希金纪念像，信口背道，"在这残酷的世纪，我歌颂过自由，并且还为那些蹇滞的人们，祈求过怜悯和同情。"

萧劲光凝视着铜像说："听说这个广场过去是要建在皇村的，现在放在东方大学校园前，证明我们这座东方大学很有地位，名扬天下呀。"

任弼时仰着脸看了看天上，说："斯大林是什么人物，他是东方大学名誉校长，想一想，东方大学能是一般大学吗？"

萧劲光也看了看天上，说："是的，斯大林不是一般领导人，也和列宁一样，是革命领袖嘛。"

任弼时举起手来，像要撑起天空，说："东方大学名字就不简单，顾名思义，是培养东方各民族民主革命干部的摇篮。"

两个好朋友尽情地展开想象力，越说越来劲，深深地

十五　斯大林兼任名誉校长的大学

感到作为一名东方大学学生的荣光，脸上抹上一层骄傲的光彩。

东方大学全名是"莫斯科东方劳动者共产主义大学"，学制三年。学校有苏联部和外国部，有学生五六百名。外国部按国籍编班，设有中文、朝文、日文、土耳其文、法文、英文等七个班。外籍学员以中国班的人数最多。任弼时是第一届学生，同学有刘少奇、罗亦农、萧劲光、王一飞、彭述之、卜士奇、柯庆施、蒋光慈等三十多人，称"旅俄中国青年共产团"。

学校考虑得很周密，这些学生回国是要进行革命工作的，安全是件大事，所以给每个人起了一个俄文名字，刘少奇叫达尔斯基，任弼时叫布林斯基，萧劲光叫查戈洛斯基。任弼时还改了中文名字，改任培国为任弼时。他问萧劲光："你说实话，我改的这名字怎样？"

萧劲光说："弼是纠正、辅佐的意思，你是要毕生做'纠正时弊'的事情了。"

任弼时赞同地说："知我者，劲光兄也，我就是要砸烂旧世界，创造新世界。"

萧劲光深吸一口气说："我很赞同，你选择的路是艰辛的，但很坚实啊。"

十月二十一日，东方大学正式开学了。刘少奇和罗亦农、彭述之、卜士奇等年龄稍大一点的学生，由中国社会主义青年团团员转为中国共产党党员。东方大学中国班的党员和团员组成中国共产党旅莫支部加入东方大学总支部，刘少奇任支部委员。

中国班设有政治经济学、西方革命运动史和历史唯物主义等课程。教师全部用俄语上课。瞿秋白是中国班教授，教俄文并担任理论课翻译。瞿秋白从北京俄文专修馆毕业，是北京《晨报》驻莫斯科的特约记者。

瞿秋白高挺的鼻梁上架着黑边近视镜，白皙的脸上，挂着宁静的笑容，说话声音有点软绵，似乎没有什么脾气。让任弼时佩服的是，他对学生总是和颜悦色的，从来没有看见他动过什么气。

瞿秋白讲课不急不躁，条理清晰，有板有眼，任弼时听他的课，比听任何人的课都来得愉快，而且容易理解、记住，是一种享受。

下课时，任弼时走到瞿秋白跟前，用中国话请教一些事情，瞿秋白是谦谦君子，笑微微地望着他，亲热地拉着家常。任弼时觉得他说的普通话里，夹带着苏南的口音，绵绵的，很好听。

任弼时又感冒了，怕发烧影响上课，用皮带紧紧勒着黄色麻布上衣和军大衣，与感冒不屈地搏斗。他连续感冒几次，身体发虚、发软。萧劲光嗔怪地说："你衣服穿少了，能不生病吗？"

十五　斯大林兼任名誉校长的大学

任弼时看着萧劲光壮实的身体,羡慕地说:"你和我穿得一样,怎么没感冒,我是体质不如你棒。"

萧劲光帮他紧了紧皮带,关爱地说:"我估计你是在海参崴生病没好利索,拖下来造成的毛病。"

任弼时轻视地哼了一声,充满自信地说:"管它是不是老毛病,我挺得住的。"

任弼时浑身全是磅礴的力量,没有任何东西能阻止他向前。其时,苏联革命仍面临着很多困难。他心里总想,坚忍就是力量,只要有这信心,就能战胜苦难,渡过难关。他相信自己能抵抗感冒,这一点小毛病,撼不动他,胜利属于笑到最后的人。

俄罗斯老百姓吃得很差,内战和遭遇大旱天灾,使粮食异常稀缺,日用必需品成了紧俏物品,国内实行了战时共产主义,所有人的劳动报酬就是面包,而且是黑面包。享受最高待遇的是前线打仗的红军,列宁是享受红军待遇的,每日三块巴掌大的黑面包和三个土豆。任弼时他们也是享受红军待遇。任弼时早上吃一小块面包,偶尔领到一点白面包,没有黄油,没有什么肉,也没有蔬菜;他中午不敢吃面包,要不晚上就没有吃的了,午饭只喝一勺汤,偶尔吃到里面一点咸鱼。每人每个月发一斤白砂糖,发一些卢布的零用钱,相当于中国半个银元;尖头皮鞋是英国工人捐赠的,任弼时没有欧洲人那么高大,也分到一双很重很笨的大皮鞋、一件很薄的黄色麻布上衣、一件军大衣、一条皮带、一顶尖尖的帽子（上面缀一颗红五星），这是他的全部御寒衣服。冬天，屋子里没有暖气，夜晚，宿舍里烧一点木柴烤火暖和身子。

瞿秋白喜欢任弼时，在班里，他年纪最小，身体也差，感冒时咳嗽难受，他不请假，坚持上课；咳嗽时，用手捂住嘴，堵住咳嗽声，憋得淌出眼泪。

在课堂上，瞿秋白只有看见任弼时不咳嗽，才会心安下来，这时，任弼时抬着头，两眼紧盯着黑板听课。

苦难磨炼着任弼时，让他在学习上磨炼出拼劲，把吃苦当成正常事，不相信有学不会的东西。瞿秋白给俄国老师当翻译，一句一句地翻译课文，断断续续，同学们听得吃力，多半弄不懂。任弼时暗中发誓，要摆脱听翻译"译课"。他听瞿秋白教俄语，有听不懂的地方，读不准的单词，就硬着头皮问瞿秋白："老师，我听不明白。"学俄语发音一直是难事，有的音如 И 和 H 区分不开，有的音如 P 压根发不出来。任弼时捏住舌头练发音。他把空闲时间全用在学俄语上，一大早，跑到僻静的地方，对着随身带的小镜子大喊大叫；平时，到哪儿，都带着俄语书，随时随地看，找同学聊；参加班里活动，他用半生不熟的俄语问话、回答话；到街上，找不到路，到警察跟前，用俄语磕磕巴巴来问路。

十五 斯大林兼任名誉校长的大学

任弼时学习用苦功，瞿秋白常帮助他，借给他一本老旧的《俄汉辞典》。他捧着辞典，碰到一个生词就翻开看一眼。吃饭的时候，他也学单词，饭吃完了，这边单词也记住了。

很快，任弼时能直接听懂老师的讲课了，用俄语做笔记。瞿秋白让任弼时教个别同学，做发音示范，同学就问："你怎么学得这么快？"

任弼时腼腆地说："没什么，听不懂的多听听，记不住的多念念，自然就会了。"

任弼时除了每天晚上轮流到街上站岗放哨，防止社会革命党人和无政府主义者搞破坏，星期天参加学生三小时军事训练外，其他时间几乎是出了教室就进图书馆。他的俄文学得呱呱叫，读马列俄文版著作不费劲，理论学习成绩也数一数二地好，成了班里的"秀才"。

瞿秋白在同学们面前表扬说："任弼时是个诚实而用功的好学生，大家要向他学习。"

瞿秋白信赖任弼时，能说的话都跟他说。瞿秋白被批准加入俄共，他第一时间把这个好消息告诉了任弼时。

感冒的影子始终撵着任弼时，像扣在他身后的一条绳子，影影绰绰，摆脱不掉。但内心强大、真正的共产主义者的任弼时，他看待经常的感冒如同蚍蜉，没有什么了不起，轻蔑地付之一笑。任弼时没有因为感冒，耽误过学校、班里的事情。共产国际执委会发起的远东各国共产党及民族革命团体第一次代表大会，是对抗美国华盛顿九国会议的，任弼时和刘少奇、萧劲光等几个同学，作为代表出席了大会。任弼时和刘少奇将节省下来的自己少得可怜的口粮，拿去慰问国内来的中共代表高君宇、王烬美等共产党员。任弼时、刘少奇、罗亦农、彭述之等几个同学，捧着一盘马铃薯，推开国内代表暂住地的门，任弼时大声地说："同志们，对不起，实在没有好吃的，就请用一点马铃薯，这是我们几个人的心意！"高君宇他们愕然了，深知这盘马铃薯的分量，这必定是几个同学从自己有限的口粮中节省出来的，非任何贵重物资所可以拟。这是中国留俄学生深情与友爱的象征。

任弼时吃过一次"奢侈"饭。中共中央总书记陈独秀到莫斯科出席共产国际第四次代表大会，共产国际慰问中国留学生，每人发了半磅米、一磅土豆、半磅咸猪肉。这天，任弼时、萧劲光、任岳、周昭秋等几个湖南籍的同学凑在教室里，围在取暖的大火炉跟前，找来一个盛开水的大罐子，把几样食品放在一起煮，美美地吃了一顿大杂烩。饭后，萧劲光看着一扫而光的大水罐，呵呵笑道："这顿饭，恐怕要叫我们记一辈子哟！"

这一次，陈独秀亲自主持会议，会上通过了年满十八周岁的任弼时的入党申请，任弼时成为中共正式党员。

一九二二年的冬天,任弼时在苏联等来了一师附小老师萧三,他迎着北国的啸啸寒风,只身从柏林踏着白雪来到莫斯科。师生相逢了。萧三掸去身上的雪花,用诗人的浪漫语气说:"原来地球这样小啊。"

他俩成了东方大学中国班的同学。

苦难是沙尘暴,可以击垮人,埋葬人;苦难也是大熔炉,可以冶炼人,锻造人。与苦难相伴的任弼时,在苦难中坚强成长,心中升腾起伟大的理想。

一年后,任弼时接替回到国内的瞿秋白的工作,兼任东方大学中国班西方革命史课堂俄语翻译;他和华林、王一飞轮流主持旅俄青年团的日常工作。

萧三吃惊地发现,任弼时似乎是一瞬间长大了。国内爆发了震惊中外的京汉铁路大罢工、二七惨案,工人被杀四十多人。消息传到东方大学,萧三看着任弼时带着咳嗽声,登上舞台,和中国班同学一起挥着拳头,呼喊出一声声斗争的怒吼。

萧三发现了任弼时一个秘密,从任培国到任弼时,不仅仅是因为他到了莫斯科,进了东方大学,有名师指点,见多识广,还有一点是,他心中有爱,爱着天下大多数人,爱着穷苦人。

这天,萧三把任弼时喊到宿舍,拿出一叠刚谱写出来的歌,满脸喜色地说:"弼时,知道《国际歌》吗?"

任弼时说:"听说过,是法国巴黎公社一个领导人写的。"

"是的,是欧仁·鲍狄埃。"萧三甩一下额头上的一绺黑发,显得很有活力。

任弼时看到萧三眼睛里面好像吹起了春风,荡漾着暖暖的气息,拂到了他的脸上,暖乎乎的,舒服极了。

萧三眼睛明亮,感情炽烈地说:"巴黎公社的工人起义失败后,欧仁·鲍狄埃写了歌词,工人作曲家皮埃尔·狄盖特谱了曲,我把它翻译出来,先在东方大学唱起来,再拿到国内唱。"

顿时,任弼时心里回响起屈原在汨罗江上吟诵"路漫漫其修远兮,吾将上下而求索"的声音,看到烈日炙烤下的伏尔加河上,蓬头垢面、衣衫褴褛的纤夫,拖着沉重的脚步拉着货船。

萧三轻轻地挥动一只手臂,攥紧的拳头,像铁锤,嘴里沉重、有力地唱起来:

> 起来!饥寒交迫的奴隶,
> 起来!全世界的罪人。
> 满腔的热血沸腾起来了,
> 拼命作一最后的战争。
> 旧世界破坏一个彻底,

新世界创造得光明。

我们一钱不值，

我们要作天下的主人。

……

歌声雄壮，撞入任弼时的心里，那样深沉、那样有力量，他心里电闪雷鸣，山呼海啸，大声地呐喊！

萧三握着一只拳头，在胸前轻轻地舞动，边唱边用眼睛瞟一下任弼时，闪耀的光亮，像照亮黑暗天空的闪电。

萧三那一瞬间的眼神，刻在了任弼时的心底，永远抹不掉。他发现萧三不再像课堂上那个清秀高雅、一身书卷气息的教书先生，俨然成了一艘起锚扬帆、劈波斩浪的巨舰，成了巴黎公社的一名战士。

河流湍急，只因想着大海，不顾一切地向前。重生的苏联，有了梦，有了流血战斗，有了伤疤，有了尊严的站立。

一九二三年，苏联的生活好转了。人们不再吃黑面包；穿上了统一制作的黑呢衫裤和大衣，厚实实的，虽然有些粗糙，却暖和和的；每月的零用钱翻了一番，增加到三卢布。

任弼时的感冒也少了。

十六　列宁逝世了

一九二四年一月,正是莫斯科极其寒冷的冬天。

深夜,十点多钟,东方大学校园里出奇地安静,天上的月亮被冻得似乎躲了起来,有几颗星星耐不住寒冷,冻得直眨巴着眼,冷风灌满旮旮旯旯每一个角落,偶尔一阵寒风,吹得花园里的树叶沙沙响。

中国班的学生像是知道要发生什么大事,宿舍里的灯火通宵不熄,大家没有睡觉,谁也睡不着,在等待着什么。

萧三坐在床头,看着寒风浸满窗台,听着外面树叶窸窸窣窣的响声,似乎在沉思、酝酿着长篇诗歌。

这时,门被猛地推开,任弼时裹挟着一股寒风,冲进来,径直奔向萧三,用手推一把他,低声说:"萧老师,快起来,看列宁去。"

萧三抬起头说:"上哪看列宁?"

任弼时说:"你别问那么多,跟着我走吧。"

萧三知道，东方大学的老师、同学都知道，列宁这几天病情严重，非常危险，不知能不能渡过生死难关。

萧三看到任弼时一脸肃静的样子，心里冰凉，知道肯定是列宁出了大事。他蓦地跳起来，穿上军大衣，换上毡靴，随着任弼时跑下楼。

列宁去世了。俄罗斯成千上万的人都沉浸在万分悲痛中，苏共中央决定将列宁遗体移到莫斯科工会大厦圆柱厅，停放三天，让人民群众瞻仰、吊唁。

向列宁告别，人山人海。任弼时精通俄文，与东方大学其他民族的同学经常走动，关系密切，他又是中国班团支部执行委员，与学校党支部的人打交道多，很熟悉，他们就想到让他随着党支部参加遗体告别仪式，另外，可能还有一个特别任务需要他去完成。任弼时想到了老师萧三，拉着他一起去。

操场上已经有了同学，个个表情严峻，静默无声，排着队伍。任弼时站到东方大学党支部队伍中，与萧三并肩走在一起，跟着一面红旗，走向工会大厦。

在寒夜中，红旗猎猎招展。任弼时、萧三仰望着红旗，听着红旗在风中"哗啦、哗啦"的飘扬声，仿佛听到列宁在殷殷地说，"真正建立共产主义社会的任务正是要由青年担负。"

任弼时不由抖动一下肩膀，觉得革命的重担落到了肩上。

大路两边，楼房、洋葱头教堂、树木静静地伫立，那种哀伤，好像再也迎不来黎明的晨曦。

壮阔端庄的工会大厦前，瞻仰的队伍前竖立着一杆杆红旗，像高大挺拔的钻天杨，那是燃烧的灵魂，革命者不朽的魂魄。瞻仰的队伍如同长龙一样，长长的，看得到头，见不到尾，寂静无声，队伍里偶尔轻轻响起一声咳嗽，在夜空里声音显得很大，传出很远。

瞻仰的队伍缓缓地朝前一点点移动。

在大厦外边，任弼时他们静静地站了一个多小时，手脚冻得几乎失去了知觉，可没有人说话，没有人抱怨天气的寒冷。有的人把双手抱在胸前焐着，有的人将两手放在嘴上，哈着热气，取着暖。大家沉浸在哀痛中，忘记了寒风，忘记了深夜，忘记了疲劳，哀痛已经把心麻木了，全身的每一根神经都被麻木了。哀痛抽空了每一个人的心，空荡荡的。他们在热爱、崇拜的人面前，感情的潮水冲溃了理智的大坝，浪花飞溅，心里不停地一遍遍地追问："列宁只有五十三岁，为什么走得这样早、这样匆忙，他走了，丢下我们该怎么办？"

快要走近瞻仰大厅，那种悲痛的寂静，在心里慢慢地蠕动，爬起来，爬到了喉咙，爬到了鼻子，爬到了眼睛，酸酸的，让人想哭。

十六 列宁逝世了

走进大厅,明亮的灯光下,每个人脸上都是凄楚的,有的眼睛里闪着珍珠一样的泪水,有的妇女抑制不住悲伤,用宽大的头巾一角,掩在嘴上,低声地抽泣。

走近了,走近了,列宁睡在鲜花丛里,像睡着一样,像打着一个瞌睡,根本不像远去,一脸的宁静、安详。

有人哭出了声音,有女的,有男的,嘤嘤隐泣,扯着人心。陡地,哭声爆发成了一片,像浩淼的湖水波涛汹涌,揪着人心。

任弼时心里像有刀片划着,隐隐地疼,他觉得在滴着血。他垂下头,悲戚中,没有哭,像很多男子汉一样,选择了铁一般的刚强,抬起头,牙齿紧紧咬着。他头脑里思绪纷飞,想着刚来莫斯科时,在克里姆林宫金碧辉煌的大会堂里,看到列宁在演讲。列宁穿着朴素的夹克衫,头戴一顶鸭舌帽,一手插在裤兜里,一手有力地挥动,气宇轩昂,讲得激动人心,全场响起哗哗的掌声,齐声高呼:"乌拉、乌拉!"

看到列宁了。任弼时的心发疼了,猛地抖动一下,悲痛的眼泪瞬间涌了出来,心重重地坠了下去。他看着列宁,眼睛不肯离开,离开就再也看不到了。

列宁似乎在微笑,要说话,可能还有许多话儿未能说出来。任弼时想听他说话,只觉得他还活着,没有死,在向大厅里每一个人致敬、问候。

络绎不绝的人群缓慢地走着,任弼时被后面的人群推着朝前走。他一点一点离开列宁,列宁也在一点一点离开他,离开大厅里的所有人,离开得越来越远。

刚走出瞻仰大厅,任弼时被学校党支部领导一把拉住,轻轻地说:"瞻仰没有结束,还有一个仪式,你代表东方民族给列宁守灵。"

这个意外的消息,让任弼时热血沸腾,他几乎不敢相信是真的,这可是一件无上光荣的使命!

任弼时激动得头脑有点微微晕眩,觉得自己是瞻仰大厅里最幸运的中国人,仿佛大厅里只有他一个人,享受着今夜的满天星光和无上荣耀。

任弼时感到大厅里的人群都在看着自己,目光是热热的、倾慕的。

被指派代表东方民族参加"荣誉守灵",这是葬仪中一项特殊荣誉性任务,不是每一个人都有机会的。守灵是每批四人,每次五分钟。

任弼时、萧三被人带着,庄重地走向守灵的位置,一种神圣的感觉紧紧地攥住任弼时的心。代表一个民族、一个国家,给一个世界上伟大的人物守灵,是一个伟大的使命,光荣的时刻,他觉得祖国在看着他,李大钊、陈独秀在看着他,在上海的瞿秋白在看着他,东方大学的同学萧劲光、刘少奇、罗亦农、王一飞他们都在看着他……他觉得俄罗斯人、布尔什维克真是太理解中国革命者的心情，理解东方大学中国班同学的心情，理解他的心情……

任弼时、萧三和其他两人分别伫立在距列宁遗体六七米远的四个角上。任弼时站得笔直，让俄罗斯人在他身上看到中国年轻人和一个民族的精气神。

任弼时站在列宁右肩方向，萧三站在列宁左脚方向，垂着头，肃立默哀。

任弼时望着安详静睡的列宁，眼睛五分钟没有眨动一下，列宁的影子填满了他脑中的空白，拨动着心弦，激荡着情怀。他没有想到自己能靠列宁这样近，守护他，送别他。他心里不停地问，这就是出生在乌里扬诺夫斯克州那位意气风发的英俊少年列宁吗？这就是在监狱、流放地和国外政治流亡中度过二十年的列宁吗？这就是在恶劣环境中，坚持阅读大量俄、德、英、法各种语言的书籍，认真研究欧洲各国经济、政治、外交、工人运动的列宁吗？想着这些，他眼前就浮动着荒凉的村落、阴暗潮湿的牢房……

灯光照得大厅里如同白天。任弼时垂着头，思绪万千，不停地想到列宁过去的事情，把那些大事小事都翻了出来，回想着、品味着、感慨着。他想到了一九一七年"七月事变"发生后，列宁的活动被迫转入地下，住在拉兹利湖对岸的一个"割草"的窝棚里，写下了《国家与革命》，想到了列宁遭三次暗杀……

一个个瞻仰、吊唁的人，从任弼时面前慢慢地走过，任弼时看到有工人、军人、教授、幼儿园的老师。一个农民，在列宁面前不停地鞠躬，眼睛里滚出了泪珠，一直流到了脸上。任弼时心想，这个人兴许就是列宁规定的星期五"上访农民接待日"接待过的农民，当时，列宁问清他们每个人的名字和单位、上访的原因和要求，作了耐心、详细的解释和回答，谈话持续了很长时间，最后农民们满意而去。其中一个农民高兴地说："我们现在有一个英明的指挥者了！农民的道理他也懂！"

任弼时还看到一个机关工作人员模样的男青年，还没有走到列宁跟前，眼睛里早已噙满泪水，声音哽咽，很伤心。任弼时被感染得眼睛潮湿，眼泪都快要掉下来了。他看着那个人，心想，这人也许是列宁的秘书，每天帮助收拾列宁办公室里的书籍、杂志。列宁办公室里的书籍、杂志和其他出版物太多了，有一万册以上，其中有一千多本是英、法、德和其他文字的。一九二一年二月，列宁写了大约六十件信和其他文献，三月是七十多件，四月和五月分别超过一百件，六月是一百七十四件……任弼时看着这个青年，用理解的心情想着，他每天和列宁在一起，最熟悉列宁，看着列宁辛勤地工作，列宁突然去世，他受到的打击肯定很大，感情上一时无法接受……

十六 列宁逝世了

任弼时想起了列宁给作家高尔基的信中承认："我累得筋疲力尽。"他想，列宁为了俄罗斯、为了全世界的无产者摆脱压迫，日夜操劳，太累、太累了。

守灵五分钟，任弼时像守了一夜、守了一天，内心走过了千山万水，经历了春夏秋冬，他想到了马克思、恩格斯，想到了李大钊、陈独秀，想到了半殖民地的中国，想到了上海外国语学社、长沙船山学社和唐家桥，还想到了自己追求的"大福家世界，同天共乐"，他越发觉得自己选择的道路是正确的……

五分钟守灵就要结束时，任弼时抬起眼睛，看着列宁，默念着在上海时陈望道老师最喜欢背的马克思说的话："如果我们选择了最能为人类福利而劳动的职业，那么，重担就不能把我们压倒，因为这是为大家而献身，那时我们所感到的就不是可怜的、有限的、自私的乐趣，我们的幸福将属于千百万人，我们的事业将默默地，但是永恒发挥作用地存在下去，而面对我们的骨灰，高尚的人们将洒下热泪。"

任弼时的心中，列宁没有死去，伟大的思想永远活着。

回到学校，任弼时用了一个上午时间，拾起搁置多年的画笔，描摹列宁的肖像，分别放在阅览室里、宿舍楼梯口，供大家瞻仰。

十七　祖国，我回来了

一九二四年七月二十三日，任弼时从东方大学毕业，和陈延年、郑超麟等人启程回国。中共确立国共合作，国民党在孙中山主持下召开了第一次全国代表大会，确定了联俄、联共、扶助农工的三大政策，第一次国共合作形成，国内急需大批干部，东方大学的同学陆续回国。

任弼时乘火车经西伯利亚，取道海参崴，回上海。登上火车，他的心就急切地飞了起来。一挥手之间，离开祖国三年，一千多个日日夜夜，像漫长的十年、二十年，任弼时无时无刻不想到祖国，想着将要投身的伟大事业。如果说刚来莫斯科东方大学时，他是一块粗糙的生铁，现在经过熔炉中烈火的煅烧，二十岁的他，已经成了一把锋利的长剑，渴望召唤，渴望亮剑，渴望冲锋。

夏季，冒着浓烟的火车，在辽阔无际的西伯利亚原野上急速地奔驰。

原野像一幅油画，涌动着绿色，河流是绿的，树是绿的，庄稼地里是绿的，一个妇女坐在马车上，肩上披着绿色的大方巾，手中摇晃着一枝短短的、软软的枝梢，赶着马车。

任弼时望着不停掠过的景象，用心去感受俄罗斯美丽的乡村，感受这片土地的辽阔、厚重。他思想犹如闪电一样，突然想到了在莫斯科东方大学的三年生活，想到三年前独自沿着铁路走向一个小车站，想起在海参崴的感冒发烧病倒，想起瞿秋白借给他的《俄汉词典》，想起在中国共产党鲜红的党旗下，举起右拳，庄严地宣誓……

任弼时坐车有点累了，找着陈延年、郑超麟说了一阵话，就想打个瞌睡，休息一会儿。他刚眯起眼，满耳朵里响着火车"哐噹、哐噹"的声响，闹得睡不着，两眼就继续看着车窗外，看着天上的白云。看云朵时，眼睛真的好轻松舒服，一朵朵白云，绵柔的，洁白的，飘飘的，撵着火车走。云朵牵着任弼时的思绪，飘呀飘呀，飘到了祖国，飘到了一师附小、明德中学、长郡中学，飘到了长沙船山学社，飘到了上海外国语学社……

心里有了思念，浓浓的情愫，像有一股力量托举起任弼时。他的身上没有了疲惫感，全是昂奋的精神。他想起在长郡中学没钱交学费，面临辍学，毛泽东在船山学社指点江山，让他找到了出路……

忘不了啊，忘不了，没有"高人"站得高看得远的指点，就没有任弼时的茅塞顿开，心灵的明灯也就不会被点亮……

"回来了，我亲爱的祖国、我的家！"任弼时心里轻轻地呼唤，迫不及待地要站到祖国的土地上，投入到轰轰烈烈的革命洪流中去。

海参崴到了。

任弼时登上邮轮。海上的波浪有点大，船身轻微地颠簸，任弼时没有在意，走出船舱，站到外面，看着大海。他喜欢看着船下的海浪朝后奔涌，看着船头劈开一层层波涛，不顾一切地冲向前，气魄豪壮。他觉得人生像航行的船，有风有浪，颠簸得让人难受，但只要认准方向，坚强地挺住，就能到达彼岸。

无边的蔚蓝色，波光粼粼，使任弼时想起了汨罗江、湘江、洞庭湖，想起了白沙河、捞刀河、水渡河、浏阳河。他心想，人生就像河流，有急流，有险滩。他想到了父母、三个妹妹和陈琮英。三个月前，他刚给父亲写了信，表达了想念故乡、想念父母的心情，让他们不要担心，他正在努力学习革命理论，有了报国的志向。信里还专门写到，希望父亲让自己的未婚妻有机会读书，将来投身创造"大福家世界，同天共乐"的事业。

任弼时似乎看到了父亲在读信，满脸的皱纹喜悦得绽开了，看到了陈琮英知道他关心她的读书，脸上浮现出来的幸福笑靥。 不过，任弼时还没有看见，也不知道，父亲听了儿子的话，四处想办法，筹了一些钱，帮助陈琮英上学。 任弼时还没有看到，也不知道，陈琮英不愿别人代读信，更不愿让别的姑娘读到，将来更配得上他这个文化人，自己上了自治职业学校，上午到学校学习，下午去工厂上班，她累得瘦了，但想到任弼时，咬牙挺着……

任弼时没有想到，他回到祖国，忙着事业，未能回家，父亲没有见到从苏联回来的儿子，不久告别了人世，也未能看到儿子事业上的成功。 值得告慰父亲在天之灵的是，回到国内，不过两年，任弼时担任了中国共产主义青年团中央总书记，成为我国青年运动的著名领袖，最终成为以毛泽东为核心的中国共产党中央第一代领导集体的重要成员。

海面上，波涛滚滚，迎着邮船冲过来，船头碰撞起一股股浪花。 任弼时看见一群白色的海鸥，在大浪上欢快地飞翔。

一九五〇年十月二十七日，时任中共中央书记处书记、中国共产主义青年团中央总书记的任弼时，积劳成疾，英年早逝，年仅四十六岁，被誉为任劳任怨、不求回报的"党内骆驼"。

少年任弼时

后　记

　　这本书得以面世，是长沙刘少奇纪念馆馆长、刘少奇故里管理局局长罗雄激励的结果。前几年，我写了《刘少奇过苏鲁交通线》和《爱莲说——何宝珍烈士传》，一来一往，罗雄和我成了好朋友。

　　一直以来，总认为写任弼时的纪实文学是件难事，主要原因是，任弼时在一九五〇年十月就英年早逝，年仅四十六岁，担心留下来的文史资料不多，青少年时代的素材也怕不足。

　　二〇一九年八、九月间，罗雄来连云港，他来去匆匆，以致我们没有能坐下来好好地说说话。但他丢下的一句话，我记住了："你既然写了党内'四大书记'，应该把'五大书记'写全了，否则，将会留下终身遗憾。"

　　这话，烫着我的心。

　　罗雄是个事业心特强的人，他盯上的事，不会轻易放手。他对岳阳市任弼时纪念馆馆长符国凡说了我有写任弼时青少年时代的计划，符馆长很快给我寄来一箱子关于任弼时的书籍。我接下任务，用了一个月时间，把寄来的书大体翻看了一遍，这才知道研究任弼时的书籍、资料，这样多、这样丰富。

二〇二〇年新年伊始，我重点研究了几本写任弼时的书，开始酝酿、构思、动笔，创作《少年任弼时》。新冠肺炎疫情肆虐横行期间，我除了看看微信"头条"，了解一下新冠肺炎疫情，其他事情一概不问。我足不出户，关在斗室里，手指整天在电脑键盘上滑动，沉浸在一个革命家青少年时代壮阔的生活中。

我与符国凡馆长未曾见面，但微信搭起了我们之间交流的桥梁。我常打扰他，请教许多问题。我们俨然成了朋友。

还有一个生动的细节，任弼时纪念馆与我联系、沟通、交流的周霞飞研究员，她的名字竟与书中的上海外国语学社"霞飞路"同名，饶有意味。还有，长沙市明德中学的青年教师刘佳，主动帮助查找任弼时在长沙的文史信息。

《少年任弼时》改了六稿，罗雄付出了不少心血，一个字一个字推敲了最后一稿，纠正多处错误，给予很多建议，令我钦敬。

任弼时的伟大品格永远烙印在我的心中,他少年时代难忘的岳阳楼、洞庭湖、汨罗江、白沙河、捞刀河、水渡河、浏阳河、湘江,在我心里淙淙地流淌,清波粼粼。

作　者

2020 年 7 月 28 日于连云港

主要参考书目

1.《任弼时传》,章学新主编,中央文献出版社,2004年版。

2.《任弼时》,蔡庆新著,中央文献出版社,2010年版。

3.《任弼时年谱》,中共中央文献研究室编,中央文献出版社,2004年版。

4.《任弼时的非常之路》,蔡庆新、姚勇著,人民出版社,2001年版。

5.《任弼时的故事》,蔡庆新、高津滔主编,人民武警出版社,2012年版。

6.《任弼时交往纪实》,于俊道主编,中国社会科学出版社,2017年版。

7.《毛泽东年谱》,逄先知主编,中央文献出版社,2005年版。

8.《毛泽东早期教育实践与教育思想概论》,孙海林等编著，中南大学出版社，2008年版。

9.《刘少奇年谱》，中共中央党史和文献研究院编，中央文献出版社，2018年版。

10.《肖劲光回忆录》，解放军出版社，1987年版。